Pessoas de André

Edição e distribuição: **EDITORA EME**

Caixa Postal 1820 – CEP 13360-000 – Capivari-SP – Fone/fax: (19) 3491-7000 / 3491-5449

E-mail: vendas@editoraeme.com.br – Site: www.editoraeme.com.br

---

Solicite nosso catálogo completo, com mais de 400 títulos, onde você encontra as melhores opções do bom livro espírita: literatura infanto-juvenil, contos, obras biográficas e de auto-ajuda, mensagens espirituais, romances palpitantes, estudos doutrinários, obras básicas de Kardec, e mais os esclarecedores cursos e estudos para aplicação no centro espírita – iniciação, mediunidade, reuniões mediúnicas, oratória, desobsessão, fluidos e passes.

Não encontrando os livros da EME na livraria de sua preferência, solicite o endereço de nosso distribuidor mais próximo de você através do fone/fax ou e-mail acima.

Pessoas de André

Capivari-SP
— 2008 —

Pessoas de André
Isabel Scoqui
1ª edição - agosto/2008 - 10.000 exemplares

Capa:
Nori Figueiredo

Diagramação:
Bruno José Dal Fabbro

Revisão gramatical e doutrinária:
Geziel Andrade
Rubens Toledo

Ficha Catalográfica

Scoqui, Isabel.
Pessoas de André, Isabel Scoqui, 1ª edição, agosto/2008,
Editora EME, Capivari-SP.
240 p.
1 - Histórias de personagens das obras de André Luiz
2 - Espiritismo – Lei de Ação e Reação

CDD 133.9

Sumário

Recado ao Leitor **9**
Nosso Lar **11**
  André Luiz 11
  Convalescença de André 13
  O novo André 15
  Laura 17
Os Mensageiros **21**
  Vicente 21
  Otávio e Acelino 23
  Joel, Belarmino e Monteiro................................ 26
  Alfredo e Ismália 29
  Isabel 31
Missionários da Luz.. **37**
  Alexandre 37
  Antônio 38
  Raul e Ester.. 40
  Alencar e sua jovem médium 44
  Segismundo... 47
  Volpini 51
  Dionísio Fernandes 53

Marinho 56
Obreiros da Vida Eterna **59**
Domênico 59
Dimas 64
Fábio 68
Albina 70
Cavalcante 72
Adelaide 75
No Mundo Maior **79**
Pedro e Camilo 79
Cândida e Julieta 82
Marcelo e o doentinho 86
Cecília 89
Fabrício 92
Antonina 94
Vovô Cláudio 96
Libertação **101**
A mulher de Joaquim 101
Gregório 103
Margarida 108
Saldanha 115
Leôncio 119
Isaura 122
Entre a Terra e o Céu **127**
Leonardo Pires 127
Amaro 129
Zulmira 131
Júlio 134
Mário Silva 138
Nos Domínios da Mediunidade **143**
Libório dos Santos 143

José Maria	147
Pedro	149
Antônio Castro	151
Anésia	153
Américo	159
A moça do Espelho	161
Ação e Reação	**165**
Antônio Olímpio	165
Luís	169
Druso	170
Silas	174
Orzil	180
Laudemira	184
Marina	186
Poliana e Sabino	189
Marcela e Ildeu	192
Adelino Correia	197
Léo	201
Sexo e Destino	**205**
Pedro Neves	205
Cláudio Nogueira	209
Marita	214
E a Vida Continua	**221**
Evelina Serpa	221
Ernesto Fantini	233

Recado ao Leitor

Pela psicografia de Chico Xavier, o Espírito André Luiz veio colaborar na complementação da obra kardequiana. Porém, seus livros são lidos, freqüentemente, como se lêem os romances: de um só fôlego, uma leitura única, contínua, como quem anseia conhecer o desfecho e o desenrolar dos fatos. Sem o devido estudo, perde-se a oportunidade de conhecer, mais a fundo, as pessoas apresentadas por André. E estas representam farto material para meditação, exemplificação e aprendizado.

Por essa razão, propomos aqui resgatar essas pessoas, até então guardadas dentro de nossos livros, escrevendo sobre elas. É como se olhássemos pelo buraco da fechadura. Veríamos, naturalmente, só uma pessoa em foco, sabendo, porém, que existe todo um contexto ao seu redor. E esse contexto só será encontrado nos livros de André.

São pessoas como nós, cada uma com suas conquistas e deficiências, com suas lutas e dificuldades, com seus méritos e defeitos. Procuramos, desta forma, retratar as mais comuns, raramente enfocando os benfeitores espirituais, isto porque nosso entendimento está mais próximo dos inexperientes e dos medianamente desenvolvidos.

Precisaríamos estudar, crescer e trabalhar muito para entender integralmente a abnegação e o amor conquistados por aquelas entidades que chefiam equipes de trabalho e instituições do plano espiritual. São palavras retiradas do livro *Ação e Reação*, de André Luiz: "... As províncias infernais, muito mais do que as celestes, são adequadas às nossas pesquisas sobre a Lei de Causa e Efeito, de vez que o crime e a expiação, o desequilíbrio e a dor fazem parte dos nossos conhecimentos mais simples nas lides cotidianas, ao passo que a glória e o regozijo angélicos representam estados superiores de consciência que nos transcendem a compreensão".

Também não é nossa intenção apresentar um resumo, tornar a coisa mais rápida de se digerir. A proposta desta obra é propiciar meios de conviver com essas criaturas e aprender com elas. Observar como cada uma enfrenta a sua prova ou utiliza a sua experiência pessoal nas infinitas possibilidades da vida. E, quem sabe, possa este livro estimular o estudo e a releitura das obras de André!

Para não fugir da lógica, a primeira pessoa a ser retratada só poderia ser ANDRÉ LUIZ!

Isabel Scoqui

Nosso Lar

ANDRÉ LUIZ

Quem foi André Luiz? Segundo suas próprias informações, André foi médico e viveu no Rio de Janeiro. Este não é o seu verdadeiro nome. Trata-se de um pseudônimo para resguardar a família que, na época em que os livros foram escritos, permanecia encarnada. Muito se cogitou a respeito de sua verdadeira identidade. Alguns afirmaram que ele foi Oswaldo Cruz; outros, Carlos Chagas, e houve quem dissesse que foi Faustino Esposel. Porém, o que realmente importa é o seu trabalho de "repórter do Além", aquele que veio nos contar, com pormenores, as peculiaridades do mundo espiritual.

Seu primeiro livro é *Nosso Lar*, onde relata a existência da grande cidade espiritual, perfeitamente organizada, onde os desencarnados moram e executam as mais diversas tarefas, de forma semelhante às que executamos aqui, porém mais aperfeiçoadas. Há hospitais, escolas, ministérios, tráfego de veículos, templos, jardins, bibliotecas e muito mais.

O livro se inicia com o relato de André sobre a sua permanência no Umbral (denominação comum para designar regiões do Espaço onde se concentram Espíritos sofredores, que se atraem, mutuamente, pelas vibrações semelhantes, em geral marcadas por sentimentos de remorso, culpa, tristeza etc.).

Vagueava aflito, sabendo estar desencarnado. O medo era tanto que mal podia raciocinar, mas sabia que não estava louco. Experimentava a acusação da própria consciência, pois, no desejo incontido de bem-estar, utilizara todos os bens da Terra em benefício exclusivo. Sem atentar aos deveres de fraternidade, deixara-se absorver pela filosofia do imediatismo. Outros, também infelizes, zombavam dele, atormentavam-no. Ainda que fosse grande a bagagem intelectual, trazida do mundo, não podia alterar a realidade da vida. As necessidades fisiológicas permaneciam sem modificação, sentia fome e sede naquela paisagem de horror. Nessa situação de desespero, lembrou-se que deveria haver um Autor da Vida – Deus – e essa idéia o confortou. Abrindo mão do orgulho, pediu a Deus que lhe estendesse as Suas mãos paternais. A rogativa durou horas, as lágrimas lavaram-lhe o rosto, todos os seus sentimentos estavam concentrados na prece dolorosa.

São palavras do próprio André Luiz: "Ah! É preciso haver sofrido muito para entender todas as belezas misteriosas da oração; é necessário haver conhecido o remorso, a humilhação, a extrema desventura, para tomar com eficácia o elixir da esperança".

Então, as neblinas espessas se dissiparam e um velhinho simpático falou: "Coragem, meu filho! O Senhor não te desampara."... Chegavam ao fim os oito longos anos vividos no Umbral.

O fato de André ter permanecido tanto tempo em zonas de sofrimento não significa que ele fora um criminoso. Foi apenas uma criatura materialista, adepta do conforto, que muito recebeu e pouco doou. Em razão da própria experiência e preocupado com o nosso comprometimento pós-morte, faz-nos o seguinte alerta: "Oh! Amigos da Terra! Quantos de vós podereis evitar o caminho da amargura com o preparo dos campos interiores do coração? Acendei

Pessoas de André

vossas luzes antes de atravessar a grande sombra. Buscai a verdade, antes que a verdade vos surpreenda. Suai agora para não chorardes depois".

CONVALESCENÇA DE ANDRÉ

Oito anos após a desencarnação, André encontrou a porta de saída do Umbral através da oração. A prece mudou o seu padrão vibratório, permitindo-lhe uma visão mais dilatada do ambiente ao seu redor. Foi quando pôde visualizar o velhinho Clarêncio e seus ajudantes. Auxiliado por eles, foi transportado em maca improvisada até a grande muralha. Lá dentro, a grande cidade: um mundo novo! Como estivesse exaurido e doente, André foi internado em um hospital. A visita do médico Henrique de Luna o surpreendeu. Após exame meticuloso, foi considerado suicida. "Suicida?" – perguntou com espanto. O médico o informou que seu aparelho gástrico fora destruído à custa de excessos na alimentação e bebidas alcoólicas; que a sífilis devorara-lhe as energias essenciais. Havia desperdiçado os preciosos patrimônios da experiência física, por isso foi considerado suicida. O paciente, mesmo contrariado, admitiu que, no plano espiritual, há outro sistema de verificação das faltas cometidas, e este é mais verdadeiro. A seguir, foi entregue aos cuidados de Lísias, o enfermeiro que deveria acompanhá-lo até a sua completa recuperação.

Chegara a hora do crepúsculo. Suave melodia pairava no ar. Era chegado o momento da oração em Nosso Lar. O convalescente insistiu em participar da prece, que era acompanhada, à distância, através de um telão. A música e a prece operaram grande melhora em seu estado geral. Não obstante a melhora, sempre que ele enveredava para a queixa, sofria dores e angústias, por isso recebeu uma advertência de Clarêncio: "Se desejas realmente a cura, aprenda então a não falar excessivamente de si mesmo, nem comente a própria dor." Chamado a brios, assumiu uma atitude diferente perante os próprios problemas. Apresentando melhoras, o paciente foi passear pela cidade, acompanhado por seu enfermeiro. Extasiou-se ao visitar a praça principal, a da Governadoria, onde se erguem os edifícios dos seis ministérios: Regeneração, Auxílio, Comunicações, Esclarecimento, Elevação e União Divina. Os quatro primeiros mais ligados aos planos inferiores; os dois últimos, aos superiores. Não menos perplexo, tomou o aeróbus, grande e veloz veículo para transporte urbano. Após 40 minutos chegaram ao Parque das Águas, local de descanso e entretenimento, onde corre o Rio Azul. Lísias contou-lhe que as águas desse rio são tratadas pelo Ministério da União Divina, que adiciona propriedades alimentícias e curativas para uso de toda a Colônia. Descobriu o quanto a água é importante, inclusive no plano espiritual.

Algumas semanas depois, já restabelecido, André sentiu grande vontade de trabalhar e, por essa razão, procurou o ministro Clarêncio, solicitando uma oportunidade de trabalho. Entendeu, então, que o fato de ter sido médico na Terra não o credenciava a ser nem mesmo enfermeiro no plano em que agora vivia. Deveria começar como aprendiz. O ministro entregou-lhe uma caderneta que garantiria seu ingresso nos diversos setores dos serviços de Nosso Lar, exceto nos Ministérios de natureza superior. Iniciaria a tarefa de observação e aprendizado, colhendo farto material que, mais tarde, nos traria um contorno mais concreto, uma idéia mais precisa sobre o plano espiritual.

Até então André estivera na condição de paciente, porém era chegada a hora do serviço útil.

Pessoas de André

O NOVO ANDRÉ

Depois de ter recebido alta e ido morar com Lísias e sua mãe, André foi autorizado a começar sua aprendizagem no Ministério da Regeneração. Muitas são as atividades ali desenvolvidas, inclusive as das fábricas onde são preparados os sucos, os tecidos e artefatos em geral. Naquela ocasião, trabalhavam ali mais de cem mil criaturas, que já estavam em condições de trabalhar e crescer através da ocupação útil. Mas não era esse tipo de observação que o esperava. Suas experiências deveriam estar focadas no ser humano e, por isso, foi conduzido às alas de grandes enfermarias.

Atravessou extensos corredores e desceu enorme escadaria que dava acesso aos pavimentos inferiores. Uma série de câmaras vastas, ligadas entre si, ostentava numerosas filas de camas repletas de verdadeiros despojos humanos. O ambiente era desagradável devido às emanações mentais dos que ali se encontravam. Esse local era conhecido como Câmaras de Retificação. Sua localização estava em maior proximidade possível do Umbral, pois as pessoas, ali assistidas, não tolerariam as luzes e a atmosfera da cidade.

Tobias, seu novo companheiro, explicou-lhe que esses irmãos estavam assistidos e se encontravam em segurança das possíveis armadilhas do Umbral; que o estado em que se encontravam era conseqüência dos seus próprios atos, pois foram adeptos das sensações físicas, sem se importarem com a vida espiritual, o que os tornou em mendigos da alma.

Ao receberem o passe magnético, alguns enfermos começaram a exalar uma substância negra e fétida. Aqueles seres desintoxicavam-se, lançando fora os fluidos venenosos fomentados pelo desequilíbrio mental. Narcisa, a boa enfermeira, mal podia atender a necessidade de higienizar o local. Foi então que, num impulso decisivo, André tomou os apetrechos de higiene e se lançou ao trabalho com ardor. O serviço continuou por todo o dia.

Ao entardecer, entraram em contato, via rádio, com um grupo que estava em missão de resgate no Umbral. Eram os Samaritanos – Espíritos valorosos que conduzem sofredores ao tratamento em Nosso Lar. Nessa missão, trariam vinte e nove irmãos e chegariam após a meia-noite. Havia necessidade urgente de providenciar leitos e assistência aos novos pacientes.

Sabendo que não havia trabalhadores em número suficiente, já que muitos haviam sido chamados para reforçar os serviços junto à Crosta terrestre, pois uma nuvem de treva envolvia o mundo em virtude da eclosão da Segunda Guerra Mundial, André dispôs-se a permanecer no trabalho noite adentro.

Pouco depois da meia-noite, André vislumbrou a chegada dos Samaritanos. A caravana vinha precedida por cães adestrados e algumas grandes aves. Os carroções eram puxados por animais semelhantes aos nossos muares. André estranhou tal meio de transporte, pois conhecera, em Nosso Lar, o aeróbus, veículo rápido, possante e moderno. Narcisa explicou que esse veículo não teria bom desempenho naquela região, tal a densidade de matéria ali predominante. E, ainda, que naquela zona de sofrimento, os cães prestavam valiosa colaboração, assim como os muares, a suportarem cargas e fornecendo calor onde se fizesse necessário. As aves também colaboravam ao devorar as formas odiosas e perversas lá existentes.

Os recém-chegados causavam compaixão. A maioria estava inconsciente e o restante apresentava sinais de demência. Todos foram conduzidos aos leitos de tratamento e o trabalho de assistência atravessou a noite.

Ao romper do dia, André estava exausto, por isso aceitou a oferta de um apartamento de repouso ao lado das Câmaras de Retificação. Depois de recolhido ao quarto confortável, orou ao Pai agradecendo a "proveitosa fadiga", e deixou-se envolver pelo sono. Sentiu a agradável sensação de ser transportado por um pequeno barco e foi aportar nos braços cariciosos de sua mãe.

LAURA

Assim que teve alta do tratamento hospitalar, André Luiz foi convidado a morar com a família de Lísias. Foi uma agradável surpresa chegar à porta daquela graciosa construção, cercada de colorido jardim. Mais agradável, ainda, foi a recepção da simpática matrona Laura, mãe de Lísias. A hospitalidade, mesclada de carinho e bom humor, deixou o novo morador completamente à vontade.

Após as apresentações de praxe, Laura contou que sua família provinha de uma antiga cidade do Estado do Rio de Janeiro. Fora ela casada com Ricardo, o qual partira para a esfera espiritual muito antes dela. Estiveram separados por dezoito anos, mas, apesar do tempo, permaneciam sempre unidos por laços espirituais. Após certo período de perturbações, Ricardo foi recolhido em Nosso Lar. Ali compreendeu a necessidade de esforço ativo, trabalhando intensamente e preparando-lhes um lar, onde pudessem viver juntos.

Laura enfrentou muitas dificuldades na viuvez. Quando perdeu o marido, ainda era moça e tinha os filhos pequeninos. As circunstâncias forçaram-na a enfrentar serviços rudes, mas os testemunhos da luta promoveram a união da família, desenvolveram valores educativos nos filhos, que, desde cedo, também enfrentaram o trabalho árduo.

Ao desencarnar, Laura pôde reencontrar Ricardo, que a esperava para estrear a habitação que ele preparara com esmero. Viveram anos de ventura, cada vez mais unidos, e cooperando com o progresso efetivo dos que lhes eram afins. Com o correr do tempo, os filhos foram se unindo a eles: Lísias, Iolanda e Judite, o que só aumentou a felicidade em que viviam.

Com o passar do tempo, Ricardo e Laura foram retomando a lembrança do passado. Eram recordações vagas que lhes causavam perturbações de vulto. Para sanar o problema, foram encaminhados ao Ministério do Esclarecimento, onde tiveram acesso aos registros de suas próprias memórias no período dos últimos trezentos anos. Compreendendo a extensão dos seus débitos e a necessidade de voltar à Terra para reparar alguns erros cometidos, Ricardo reencarnara havia três anos, e ela o haveria de seguir tempos depois.

Na casa de Laura, havia outra hóspede: uma neta convalescente. Chegara há poucos dias da Terra e chamava-se Eloísa. A mocinha lutara contra a tuberculose por longos meses. Não obstante o tratamento e cuidados, a moléstia fora transmitida à mãe. Além disso, deixara um noivo e promessas de casamento. Por essas razões, mostrava-se inconformada com a nova situação. Laura incentivava-a a reagir e lamentava que os resultados, de uma educação religiosa deficiente, produzissem tantos empecilhos à readaptação naquele plano. Esperava também a vinda de sua filha Teresa, mãe de Eloísa, em breves dias. Esta não teria problemas com adaptação. Tivera uma vida cheia de sacrifícios, o que a salvaguardava de uma passagem prolongada pelo Umbral. Apenas algumas horas seriam suficientes. A matrona pretendia transmitir-lhe suas obrigações junto ao Ministério do Auxílio e, então, partir sossegada.

Alguns dias depois, a senhora Laura preparava-se para regressar aos círculos terrenos. Mostrava-se um

Pessoas de André

pouco receosa quanto ao aproveitamento das lições na carne, em face do esquecimento das decisões tomadas na Espiritualidade. Mas tinha grande apoio familiar e dos amigos. Foi marcada uma reunião íntima, onde entrariam em contato com Ricardo. Embora ele estivesse em fase de infância na Terra, poderia desprender-se dos laços físicos. Providenciaram um globo cristalino dotado de material isolante, para que Ricardo falasse através dele. O contato poderia ser direto, mas a medida fora tomada por precaução, pois a emotividade do momento poderia perturbá-lo de alguma forma. Judite, Iolanda e Lísias se encarregaram, respectivamente, do piano, da harpa e da cítara, ao lado de Teresa e Eloísa, que integravam o gracioso coro familiar. Cantaram maravilhosa canção, feita por eles mesmos e dedicada ao querido pai. Eis, então, que o globo se cobriu de substância lacto-acinzentada, apresentando, logo em seguida, a figura simpática de um homem na idade madura. Ricardo utilizou o pouco tempo que dispunha para se comunicar com a esposa e filhos e expressar a sua felicidade por aquela situação especial. Rogou apoio aos que permaneceriam no plano espiritual, enquanto enfrentasse as lutas terrenas. E logo partiu.

No dia seguinte, Laura disse um último adeus e partiu à esfera carnal acompanhada por Clarêncio. Deixava três mil bônus-hora que seriam revertidos ao patrimônio comum. Levava consigo o lucro maravilhoso adquirido no capítulo da experiência, nos anos de cooperação no Ministério do Auxílio. Voltava à Terra investida de valores mais altos e demonstrando qualidades mais nobres de preparação ao êxito desejado.

Os Mensageiros

VICENTE

André visitava, pela primeira vez, o Centro dos Mensageiros no Ministério da Comunicação. Soube que, ali, os tarefeiros eram preparados para o trabalho espiritual: médiuns, doutrinadores e companheiros designados a desempenhar funções nos diversos setores da evolução planetária. Deveria participar de uma equipe, conforme a profissão que desempenhara na última encarnação, na condição de médico. Recebido pelo ministro, foi apresentado a Vicente, que também fora médico. Iriam atuar, doravante, juntos. Descobriu logo uma grande afinidade com o novo companheiro. Ao seu lado, sentia-se completamente à vontade. Viu-se, de repente, contando pormenores de sua vida passada. Relatou-lhe a dolorosa surpresa, que o acometeu, ao tomar conhecimento do segundo casamento de sua ex-esposa. Dava ênfase aos menores fatos, salientando velhos sofrimentos e relacionando dissabores. Terminado o relato, Vicente o aconselhou a não se sentir assim tão desventurado e aflito. Disse que sua situação fora pior e, por sua vez, contou-lhe a sua história também.

Aos vinte e cinco anos recebera seu diploma profissional. Nessa ocasião já gozava de uma situação financeira sólida e, então, pôde realizar seu intenso sonho de amor: casou-se com Rosalinda, a quem dedicava tesouros de afeto e devotamento. Em pouco tempo, dois filhinhos vieram a enriquecer ainda mais aquele lar venturoso.

Amava também o trabalho que desempenhava no laboratório. Ali, produzira numerosas pesquisas, nas quais conseguira resultados brilhantes, atraindo a confiança de numerosos colegas e vários centros de estudo. Rosalinda era a sua primeira e melhor colaboradora. Era, aos seus olhos, mãe dedicada e companheira sem defeitos.

Contavam com dez anos de ventura conjugal, quando seu irmão Eleutério, advogado, solteiro, passou a freqüentar a sua casa. Embora residisse num hotel próximo, compartilhava dos serões caseiros, sempre bem posto e interessado em agradar.

Nessa mesma época, Rosalinda começou a se modificar, pouco a pouco. Abandonou o trabalho no laboratório, alegando que os filhinhos necessitavam de assistência maternal mais assídua. No entanto, ia ao cinema ou a estações de repouso na companhia de Eleutério. Isso o entristecia bastante, mas jamais poderia desconfiar da conduta do irmão, que sempre fora criterioso em questões de família.

Assim corriam as coisas, quando algo veio a modificar completamente o rumo de sua vida. Uma pequena bolha nasal, que antes parecia inofensiva, apresentou características de extrema gravidade. Em poucas horas, a infecção tornou-se generalizada. Foram inúteis todos os cuidados dos colegas médicos. Sob o olhar consternado de Rosalinda e Eleutério, a septicemia culminou com a morte de seu corpo físico.

Depois de algum tempo de perturbações nas zonas inferiores, foi recolhido em Nosso Lar. Algum tempo depois, pôde visitar a família e teve uma grande surpresa: Rosalinda havia desposado Eleutério em segundas núpcias. Mas ainda não era tudo. Surpresa maior dilacerara o seu coração: descobriu que fora vítima de odioso crime. Seu próprio irmão tramara o seu passamento. Rosalinda e Eleutério haviam-se apaixonado perdidamente, um pelo outro, e cederam a tentações inferiores. Isso resultou num impasse. O divórcio, ainda que a legislação facultasse, constituiria um escândalo, pois Rosalinda afastara-se do marido para unir-se, publicamente, ao cunhado. Resolveram, então, eliminá-lo. Eleutério lembrou das experiências existentes no laboratório. Planejou o crime, que considerava perfeito. Conseguiram uma cultura de um vírus altamente destruidora. Enquanto Vicente dormia, contaminaram-no, inoculando a substância em seu nariz. A infecção foi rápida e fatal. O crime passou despercebido na esfera humana. Rosalinda e Eleutério continuaram felizes aparentemente, felizes, gozando de grande fortuna e alto conceito social. Mal sabiam que tudo vem no seu tempo e que a justiça, ainda que não tenha sido imediata, exigirá um ajuste de contas perante as leis maiores da vida.

OTÁVIO E ACELINO

Otávio era um pálido senhor de uns quarenta anos. Esperava no Ministério da Comunicação a oportunidade de retorno à Crosta terrestre, e, apesar da intercessão de parentes, seu caso como médium falido precisava ser meticulosamente estudado.

Noutro tempo, saíra da esfera carnal com enormes débitos. Restabeleceu-se em Nosso Lar e preparou-se, durante trinta anos, para voltar à Terra em tarefa mediúnica. Todos os benefícios foram postos à sua disposição para que pudesse desempenhar seu trabalho: lições sublimes, estímulos santos, um corpo rigorosamente sadio. Desempenharia um encargo de relevo junto às falanges de colaboradores encarregados do Brasil. O matrimônio não figurava em seus planos, pois seu caso particular assim o exigia. Apesar de ainda solteiro, seis entidades amigas chegariam ao seu círculo na condição de órfãos. Cuidar dessas criaturas seria ao mesmo tempo um resgate e uma forma de preservá-lo, pois o trabalho de assistência mantê-lo-ia longe das sugestões inferiores.

Teve o privilégio de ser concebido por uma mãe espírita; seu pai, apesar de materialista, era um homem bom. Aos treze anos, ficou órfão de mãe e, aos quinze começou a receber os primeiros chamados da esfera superior. Nessa época, seu pai contraiu segundas núpcias, e Otávio, apesar da bondade da madrasta, vivia revoltado. Seus parentes o conduziram para um centro espírita de excelente orientação evangélica, mas lhe faltaram as qualidades de trabalhador e companheiro fiel. Ao desabrochar a mediunidade, procurou um médico, que o aconselhou a recorrer a experiências sexuais. Assim, aos dezenove anos de idade, entregou-se desbragadamente ao prazer delituoso. Como era impossível conciliar um comportamento desequilibrado com o dever espiritual, foi-se afastando cada vez mais dos ensinos evangélicos.

Quando contava pouco mais de vinte anos, o pai desencarnou. Com a ocorrência, ficaram seis crianças órfãs. Viúva e sem condições de criá-las sozinha, sua madrasta implorou-lhe socorro, mas Otávio não quis aceitar os encargos redentores que a ele estavam reservados. Dois anos depois, a sua madrasta foi recolhida a um leprosário e as crianças relegadas a destino incerto. Essas crianças eram os seus credores generosos, a quem prometera assistir na orfandade quando ainda estavam no plano espiritual.

Pouco tempo depois, casou-se com uma mulher de condição espiritual muito inferior à sua, atendendo aos apetites sexuais inconfessáveis. Por força das circunstâncias, uma entidade monstruosa foi atraída, vindo a nascer como seu filho. Mãe e filho aliaram-se e se incumbiram de atormentá-lo até o fim de sua existência. Desencarnou roído

Pessoas de André

pela sífilis, pelo álcool e pelos desgostos, sem nada ter feito para o futuro eterno.

Não é rara a presença de médiuns fracassados que aguardam o retorno à carne para superar a bancarrota espiritual. Acelino também passara por uma experiência parecida à de Otávio. Partira de Nosso Lar, após receber valioso patrimônio instrutivo. O casamento estava no roteiro de suas realizações. Ruth seria a devotada companheira, colaborando para que ele pudesse desempenhar as suas tarefas com tranqüilidade. Aos vinte anos de idade foi chamado à tarefa mediúnica. Trazia consigo os dotes da vidência, audiência e psicografia.

Com o passar do tempo, inclinou-se a transformar suas faculdades em fonte de renda material. As lições da Espiritualidade superior, a confraternização amiga, o serviço redentor do Evangelho e as preleções dos emissários divinos ficaram à distância. Completamente alheio ao esclarecimento oportuno, resolveu ficar definitivamente por conta dos consulentes. E a mediunidade restringiu-se aos acertos em concorrências comerciais, às ligações humanas legais ou criminosas, aos caprichos apaixonados, aos casos de polícia e a todo um cortejo de misérias humanas. Transformou-a numa fonte de palpites materiais e baixos avisos.

A morte chegou. Consulentes criminosos, que o precederam, rodeavam-no e reclamavam palpites e orientações de natureza inferior. Queriam notícias de cúmplices encarnados, de resultados comerciais, de soluções atinentes a ligações clandestinas. Estava algemado a essas criaturas por sinistros elos mentais, em virtude da imprevidência na defesa de seu próprio patrimônio espiritual. Expiou sua falta junto a eles durante onze anos consecutivos, entre o remorso e amargura.

É triste a vida dos que se sentem falidos perante a Espiritualidade, mas não lhes falta a esperança. Aguardam que lhes seja concedido novo empréstimo de oportunidades do Tesouro Divino e se fortalecem para, no futuro, triunfar sobre as suas tendências inferiores.

JOEL, BELARMINO E MONTEIRO

Joel era um velhote de fisionomia simpática, não obstante apresentasse uma expressão melancólica. Parecia um enfermo em princípios de convalescença. Era acometido de vertigens, as quais se tornavam mais espaçadas graças às aplicações magnéticas nos Gabinetes de Socorro, no Ministério do Auxílio. A causa de tal enfermidade provinha do mau uso que fizera das faculdades mediúnicas quando encarnado. Fora doutrinador.

Antes de encarnar, Joel recebera todos os requisitos necessários ao êxito de suas obrigações. Como a sua atividade mediúnica exigisse uma sensibilidade mais apurada, teve tratamento especial no Ministério do Esclarecimento, o que lhe aguçou as percepções. Essa sensibilidade apurada deveria funcionar como uma lente poderosa para definir roteiros, fixar perigos e vantagens do caminho, localizar obstáculos comuns, ajudando ao próximo e a si mesmo. Mas procedeu de modo inverso. Deixou-se empolgar pela curiosidade doentia, aplicando-se tão-somente a dilatar sensações. No quadro de seus trabalhos mediúnicos, estava a recordação de existências pregressas com o objetivo de criar melhores condições ao serviço de esclarecimento coletivo e benefício aos semelhantes.

Inicialmente, tinha o coração repleto de propósitos sagrados. Contudo, aos primeiros contatos com o serviço mediúnico, a excitação psíquica despertou-lhe as recordações. Lembrou-se de toda a sua penúltima existência, na figura do monsenhor Alejandre Pizarro, nos últimos períodos

Pessoas de André

da Inquisição Espanhola. Ficou obcecado na procura de pessoas poderosas dessa época, que teriam vivido consigo: bispos, autoridades políticas, padres amigos. Procurava-os insistentemente, usando todas as suas melhores energias e capacidades. Transformou a lembrança em viciação da personalidade. Embriagou-se na volúpia das grandes sensações. Esquecera dos deveres santos. Viu o desenvolvimento da clarividência e da audição psíquica, mas permaneceu cego e surdo às advertências dos benfeitores espirituais. Insistindo nesse erro, sua mente desequilibrou-se, e as perturbações psíquicas apareceram, constituindo doloroso martírio e exigindo tratamento magnético por longo tempo.

Belarmino também recebera preparo para exercer a doutrinação. Além do preparo no plano espiritual, recebera as noções consoladoras e edificantes do Espiritismo desde criança. Mais tarde, por circunstâncias diversas, assumiu a presidência de um grande grupo espiritista. Cheio de exigências, apegou-se em excesso ao comando da instituição. Oito médiuns ofereciam-lhe o serviço de colaboração ativa. Ele procurava colocar, acima de tudo, o aspecto científico da doutrina, através de provas irrefutáveis. Envaidecido pelos conhecimentos no assunto, passou a atrair pessoas de mentalidade inferior, que supostamente possuíam cultura filosófica e prezavam a pesquisa científica. Estes passaram a exigir demonstrações mediúnicas de toda sorte; os médiuns eram pressionados e expostos a longas investigações nos planos invisíveis.

Como a Espiritualidade não se desvia do objetivo do trabalho e nem se rende à curiosidade e aos caprichos humanos, o resultado era sempre negativo. Belarmino foi desanimando. A dúvida instalou-se em seu coração. Prosseguia freqüentando as reuniões, mas a descrença destruidora instalara-se em seu ser.

Sua esposa chamava-o para a esfera religiosa e edificante, onde ele poderia aliviar o Espírito atormentado. Mas rendeu-se ao negativismo completo. Por fim, deixou o agrupamento cristão e transferiu-se para atividades atinentes à politicalha inferior. Desviado dos objetivos fundamentais, tornou-se escravo do dinheiro, que lhe transformou os sentimentos. Encerrou os seus dias com uma bela situação financeira no mundo e um corpo crivado de enfermidades. No plano espiritual ele experimentou tormentos, remorsos, expiações. Não conseguira escapar à rede envolvente das tentações. Sua tragédia angustiosa é a dos que conhecem o bem, esquecendo-se da prática.

Monteiro também passara por experiência análoga. Recebera em Nosso Lar todo o auxílio para realizar a grande tarefa que lhe competia. Estiveram sob seu controle direto alguns médiuns de efeitos físicos, outros consagrados à psicografia e à incorporação. O fascínio, que sentia pelo contato com o invisível, distraiu-o quanto à essência moral da doutrina. Experimentava certa volúpia na doutrinação aos desencarnados de natureza inferior. Estimava enfrentar obsessores cruéis para reduzi-los a zero no campo da argumentação pesada. Estudava longos trechos das Escrituras, não para meditá-los com entendimento, mas para exibi-los, em plena sessão, com a idéia criminosa de falsa superioridade espiritual. Fazia luz para os outros e permanecia em sua cegueira.

Esquecido que a tarefa de doutrinar acontece primeiramente com o exemplo e, em seguida, com a palavra, suas atitudes eram inflexíveis. Falava de paciência e de serenidade e, em seguida, destratava as pessoas por motivos fúteis. Em seu estabelecimento comercial, suas deliberações eram implacáveis quanto aos clientes em atraso. Como ensinar sem exemplo, dirigir sem amor?

De desvio em desvio, a angina o encontrou absolutamente

distraído da realidade essencial. Passou para o plano espiritual como um demente necessitado de hospício. Viu-se rodeado de seres malévolos que repetiam longas frases das sessões. Com ironia, remedavam-lhe aconselhando, aos outros, serenidade, paciência e perdão às faltas alheias. Perguntavam-lhe por que não se desgarrava do mundo, já que estava desencarnado. Monteiro vociferou, rogou, gritou, mas teve que suportar esse tormento por muito tempo. Somente quando os sentimentos de apego à esfera física se atenuaram, pôde ser resgatado por alguns bons amigos. Tarde reconhecia que abusara das sublimes faculdades do verbo.

ALFREDO E ISMÁLIA

A justiça humana é bastante imperfeita, pois não pode abarcar a punição de todos os delitos cometidos pelo ser humano. Para aqueles que não vêem senão a vida material, isso é motivo para pensar que a impunidade existe. Dentre esses crimes, a calúnia é monstro invisível, que ataca o homem através dos ouvidos invigilantes e dos olhos desprevenidos. A justiça divina, porém, é infalível, e nada escapa à sua ação. Aprendamos com a experiência por que passaram nossos amigos.

Alfredo e Ismália tinham dois filhos e motivos para levar uma vida feliz. Alfredo era um homem de negócios. Ismália dedicava-se aos deveres do lar. Tudo ia bem, até que Paulo, sócio e desleal amigo de Alfredo, resolveu cortejar-lhe a esposa. Ismália, calada, resistiu ao assédio por anos a fio. Mas Paulo sentia-se frustrado em suas más intenções e por isso resolveu urdir um plano para acusá-la de adultério: depois de preparar o terreno com as mais variadas insinuações, subornou a alguns empregados, contratou um homem de poucos escrúpulos e forjou um flagrante. O resultado não poderia ser pior: Alfredo, chegando a casa, encontrou um homem fugindo pelos fundos de sua residência, deixando em seu dormitório um chapéu novo. Alfredo acreditou na história da traição e, enlouquecido, não cedeu aos rogos da mulher suplicante. Fez valer seus direitos, tomou os filhos para si e rejeitou a esposa, devolvendo-a aos pais. O golpe foi duro demais para Ismália. Caluniada e desacreditada pelo marido, separada dos filhinhos, não pôde resistir. Em pouco tempo, contraiu tuberculose e morreu sob terrível martírio moral.

Alfredo tentava sufocar a sua dor, viajando constantemente. Ao retornar de uma destas viagens encontrou seu ex-sócio no leito de morte. O agonizante confessou ter sido o mentor da farsa que provocara, deliberadamente, a separação do casal. Pediu-lhe perdão. Alfredo só então compreendeu a extensão das desventuras que deixara acontecer. Dera ouvido a suspeitas infundadas, maltratara a amada, destituindo-a de tudo o que ela prezava na vida. Não pôde perdoar o caluniador. Ciente das injustiças que cometera, ralado de remorsos, atormentado, enfrentou a desencarnação em tristes condições espirituais. Desprendeu-se do mundo remoendo ódio e desespero.

Ismália, que enfrentara as provas com resignação e bravura, merecera uma posição no plano espiritual superior. Com abnegação, a dedicada companheira dava assistência ao esposo, naquelas paisagens trevosas. O marido, porém, não percebia a presença amiga. Somente pôde ser resgatado quando conseguiu se desvencilhar das vibrações funestas que emitia. Apresentando melhoras, foi internado no posto de socorro Campo da Paz, onde, mais tarde, fez por merecer o cargo de administrador, dedicando seus serviços aos mais sofredores.

No trabalho de ajuda ao próximo, Alfredo entendeu

Pessoas de André 31

a necessidade do perdão e compadeceu-se do seu antigo malfeitor. Buscou-o nas regiões umbralinas, mantendo-o em tratamento junto de si. Mas Paulo havia enlouquecido. Com a razão embotada, presenciava permanente desfile de suas vítimas. Em sua tela mental as mulheres o acusavam, os homens o perseguiam constantemente. As figuras de Alfredo e Ismália habitavam os seus pesadelos, pareciam revoltados e sofredores, o que não correspondia à realidade. Tudo era fruto daquela mente perturbada pela culpa. Com o passar do tempo, Paulo foi melhorando vagarosamente. Deveria reencarnar, antes que recobrasse a consciência exata da situação, para não se sentir humilhado. Uma das irmãs, caluniada por ele, voltara ao círculo carnal e esperava recebê-lo brevemente, como filho querido, em seus braços.

E o perdão, esse filho dileto do amor, romperia, uma vez mais, as barreiras da ignorância e da iniqüidade. Não faltaria ao que errou a oportunidade de se restabelecer perante a vida, embora tivesse de arcar com a responsabilidade de seus atos deliberados.

ISABEL

Em tarefa de observação, André fazia parte de uma equipe que trabalharia na Crosta terrestre. Cansados, após uma jornada de quatro horas a pé, chegaram a uma pequena residência num modesto bairro do Rio de Janeiro. Um jardim ladeava a construção simples, mas as claridades espirituais, ali existentes, mostravam que não se tratava de um lugar qualquer. Numerosos trabalhadores espirituais se movimentavam. Um cavalheiro simpático veio abrir a porta e dar-lhes boas-vindas. Era Isidoro, chefe daquele lar terrestre.

André observou o ambiente. Uma mulher, com mais ou menos quarenta anos, tricotava uma blusa. Aos olhos do mundo seria uma pobre viúva, com cinco filhos por criar. Aos olhos da alma, era missionária ligada à cidade espiritual Nosso Lar. Isabel era vidente. Poderia captar toda a movimentação espiritual, se lhe fosse permitido. Mas as entidades espirituais haviam reduzido sua capacidade mediúnica à vigésima parte, porque entendiam que uma faculdade, assim tão aguçada, poderia interferir na sua vida diária e até prejudicá-la. A presença do marido desencarnado, havia três anos, foi permitida pelos superiores, para a continuidade da tarefa tão bem executada por ambos.

Dona Isabel e seu marido Isidoro, desde que saídos do plano espiritual, passaram por duras provas para manter os compromissos assumidos. Com coragem e abnegação, fizeram daquele local uma oficina, onde seria possível o intercâmbio espiritual entre duas esferas. Ali, os amigos desencarnados encontravam ambiente seguro e acolhedor para descanso nos intervalos dos trabalhos realizados junto à Crosta. Ali, encarnados e desencarnados se encontravam, quando os primeiros estavam desdobrados durante o sono. Ali, os desencarnados enfermos vinham buscar o alívio e o socorro. Ali, os benfeitores da Espiritualidade superior podiam se fazer sentir entre os necessitados e infelizes.

Dona Isabel tricotava e observava os filhos. Na sala despojada, Joaninha, mocinha de dezesseis anos, estava sentada à máquina de costura. Joãozinho, rapazote de uns doze, fazia a lição escolar. Estavam presentes também Neli, Marieta e Noemi, três meninas de nove, sete e cinco anos, respectivamente.

Era chegada a hora do culto do Evangelho. Dona Isabel largou as agulhas e convidou os filhos. Pelas atitudes esboçadas, via-se que o estudo evangélico, naquele lar, era hábito antigo. Somente o garoto não participava da oração

Pessoas de André

com júbilo, uma vez que não se apresentava envolto em substância luminosa como as demais. Os numerosos amigos espirituais, ali presentes, sentaram-se respeitosos. A prece inicial foi proferida por Neli. Joaninha leu um texto doutrinário sobre a irreflexão e, em seguida, fez a leitura do Novo Testamento. Tratava-se da parábola onde Jesus comparava o Reino dos Céus com o pequeno grão de mostarda. Então, aconteceu um fenômeno interessante: Dona Isabel explanava sob a influência de uma entidade espiritual de nobre condição; porém cada ouvinte entendia conforme a própria capacidade de discernimento.

Logo após o culto do Evangelho no lar, a família humana de Isidoro fez uma frugal refeição de chá com torradas. Passavam por momentos difíceis, e a dona da casa não podia oferecer mais que uma refeição ao dia. Ensinava aos filhos que Jesus abençoa o pão e a água de todas as criaturas que sabem agradecer pelas dádivas divinas. Que, apesar da mesa pobre, todos estavam gozando de boa saúde. Joãozinho, por ser criatura de condição moral inferior às demais, não podia entender semelhante raciocínio. Mostrava-se contrafeito. Deu a entender que tudo poderia melhorar se a mãe alugasse o salão, onde eram feitos os trabalhos espirituais, para um depósito de móveis. Mas a mãe reagiu com energia e sem irritação. Fê-lo entender que a memória de seu pai deveria ser respeitada, mantendo as atividades evangélicas naquele local. O pequeno quis retrucar, mas a autoridade moral de Isabel confundiu o Espírito rebelde e fê-lo calar a contragosto.

Depois das 23 horas a viúva e os filhos se recolheram em modesto aposento. Os céus prometiam aguaceiros próximos. As brisas leves transformavam-se, repentinamente, em ventania forte. Formas sombrias, que se arrastavam na rua, procuravam asilo. Algumas tomaram aquela direção, mas recuaram amedrontadas. Aquele lar não lhes oferecia o abrigo desejado. Ali era cultivada a oração, e as entidades viciosas não suportariam o contato com as vibrações luminosas daquele santuário doméstico. O lar que cultiva a prece transforma-se em fortaleza.

Poucos minutos depois, Isabel desembaraçou-se do corpo físico. De braços dados com Isidoro, irradiava felicidade. Pediu que os amigos espirituais tomassem conta dos filhinhos que dormiam. Ela e o marido iam fazer uma excursão instrutiva.

O salão acolhedor de Dona Isabel permanecia em plena atividade. Eram levados ali, em Espírito, irmãos encarnados libertos do corpo pelo sono físico. Aquele local fora escolhido, pois oferecia condições à transmissão de mensagens de teor instrutivo, não havendo, no ambiente, contaminação de matéria mental menos digna. Ali também se fazia o trabalho de desobsessão, auxiliando irmãos ignorantes e sofredores que apresentassem as mínimas condições para a instrução e o consolo.

No dia seguinte, pouco antes das 18 horas, os preparativos espirituais para a reunião eram ativos e complexos. O salão já estava repleto de trabalhadores em movimento. A sala fora dividida por longas faixas fluídicas. Seriam trazidas muitas entidades sofredoras naquela noite e era necessário isolar suas vibrações, visando a preservação do templo familiar. O próprio ar fora magnetizado.

Dona Isabel e Joaninha ocuparam-se em outra ordem de serviços. Usaram a vassoura e o espanador. Revestiram a mesa com alva toalha, trouxeram recipientes de água pura.

Logo começaram a surgir entidades sofredoras. Exibiam na face profunda angústia, algumas apresentavam ainda as enfermidades que as levaram à morte corporal. Eram irmãos abatidos e amargurados, que desejavam a renovação sem

Pessoas de André

saber como iniciar a tarefa. O número de encarnados girava em torno de trinta e cinco; os desencarnados eram bem mais numerosos, por volta de duas centenas. O trabalho iniciara-se com a assistência, aos necessitados, através de passes magnéticos de reconforto. Logo após, um médium chamado Bentes iniciou a preleção evangélica. Falava obedecendo à inspiração de um emissário de nobre posição. A maior receptividade aos ensinamentos ocorria por parte dos desencarnados. Dona Isabel entregara-se ao trabalho do receituário, inspirada pelos facultativos. E a atividade prosseguia, trazendo novo alento, mormente para os desencarnados, que, ainda muito ligados às coisas da Terra, experimentavam novas energias psíquicas ao contato com o calor humano.

E ali, naquele salão singelo, prosseguia o labor incessante. Vinte anos de atividade ininterrupta. Era muito mais que um cômodo para alugar, era uma verdadeira oficina de Nosso Lar entre nós.

Missionários da Luz

ALEXANDRE

Missionários da Luz, terceira obra da série André Luiz, revela muitas peculiaridades do serviço assistencial. Nele, os assuntos referentes ao intercâmbio mediúnico são tratados com extrema clareza. Aborda as dificuldades do desenvolvimento mediúnico, a problemática das contaminações espirituais, furto de energias, os serviços intercessórios e de auxílio, manifestações mediúnicas, reencarnação e passes. Traz ensinamentos altamente educativos, permeados por exemplos edificantes.

Ali, encontramos o instrutor Alexandre, liderando os trabalhadores nas diversas lides da Casa Espírita. Desempenhando elevadas funções no Plano Espiritual, dentre elas a atribuição de chefia daquele Centro, o instrutor permitiu que André Luiz o acompanhasse nas diversas atividades que desempenharia, visando a integral aprendizagem do neófito. Encontramo-lo também presidindo um Centro de Estudos, onde mais de trezentas pessoas encarnadas habilitavam-se ao trabalho durante o período de emancipação pelo sono.

Para André, tudo corria às mil maravilhas. Esperava a continuidade de estudos na companhia de Alexandre. Todavia, uma notícia inesperada o surpreendeu: o instrutor despedia-se. Como acontece a outros instrutores da mesma posição hierárquica, Alexandre dirigir-se-ia a planos mais altos, para o desempenho de tarefas que ainda não podemos compreender. Seus trabalhos junto à Crosta seriam atribuídos a um substituto. As despedidas se fizeram num salão magnificamente iluminado. Lâmpadas em forma de estrelas e flores enfeitavam o local. Compareceram apenas os sessenta e oito discípulos de Alexandre, que estavam na colônia. Todos sentiam certa amargura pela separação momentânea. Alguns até mesmo solicitaram a sua permanência na colônia de trabalho. Foi então que o instrutor tomou a palavra e, com lucidez, falou-lhes sobre o erro da idolatria. Laços sagrados não poderiam se transformar em algemas prendendo-os uns aos outros. Além disso, ali estava a oportunidade do aprendiz experimentar e agir, exercitando o que aprendera. Colocar em prática, estender as mãos amigas aos semelhantes.

Em seguida, abraçou um a um, dirigindo palavras de incitamento ao bem e à verdade, enchendo-lhes o coração de fé. Com a fronte venerável iluminada por sublimes radiações de luz despediu-se em comovedora prece.

Em todas as sete pessoas que retrataremos, a seguir, encontramos o concurso efetivo do exemplar missionário das atividades de comunicação.

ANTÔNIO

Nosso pensamento é, ainda, um cavalo selvagem. Tem potencial, tem força, mas não é domesticado. Pensamos e agimos como se estivéssemos no piloto automático. E assim vivemos, à mercê dos nossos impulsos, sem atentar para a qualidade daquilo que pensamos e, conseqüentemente, dos fluidos que emitimos. Jesus já nos alertava que devemos vigiar e orar. Quem ora, dirige seu pensamento ao Mais Alto.

Quem vigia, permanece com o pensamento elevado. Por que Jesus nos fez esta advertência? Vejamos o caso ocorrido com Antônio e, certamente, entenderemos como é importante o ensinamento do Mestre.

Justina, uma senhora aflita, procurou Alexandre, pedindo-lhe ajuda. Explicou que seu filho precisava de mais alguns dias na Terra para solucionar alguns problemas que diziam respeito ao bem-estar da família. Para tanto, seria necessário um atendimento de emergência junto ao enfermo, pois este corria o risco de desencarnar a qualquer momento. Havia tentado ajudá-lo com todos os seus recursos. Mas o esforço fora em vão. Antônio, apesar de possuir um bom coração, tinha o péssimo hábito de alimentar preocupações e angústias desnecessárias. Naquela noite, levara para o leito algumas delas, e suas criações mentais se transformaram em grande sofrimento. Entrara em tamanho desequilíbrio, que aumentou as perturbações circulatórias a ponto de correr o risco de sofrer um derrame cerebral.

Alexandre e sua equipe encontraram Antônio em seu leito. Era um homem de aproximadamente setenta anos. Todos os aspectos demonstravam um estado pré-agônico, tal a gravidade de sua doença. Observado atentamente, foi localizada uma trombose muito séria numa artéria cerebral. O mentor, ciente da plenitude do problema, tocou-lhe o cérebro perispiritual e pediu a colaboração do moribundo. Exortava-o à reação, dizendo: "Você foi acidentado pelos próprios pensamentos em conflito injustificável. Suas preocupações excessivas criaram-lhe elementos de desorganização cerebral. Intensifique o desejo de retomar as células físicas, enquanto nos preparamos a fim de ajudá-lo. Este momento é decisivo para as suas necessidades."

Ao influxo das palavras do mentor, Antônio predispôs-se a colaborar no auxílio a si mesmo. Passes magnéticos foram ministrados na zona afetada. Mas o paciente também necessitava de fluidos próprios de irmãos encarnados. Para tanto, providenciou-se a vinda de Afonso, irmão encarnado que prestava serviços junto aos grupos socorristas, durante seu desdobramento pelo sono. Aí teve início a ação curativa. Afonso logo se colocou na posição de doador de fluidos. Alexandre intermediava e transferia as energias vigorosas para o organismo debilitado. À medida que a transfusão prosseguia, o paciente apresentava sinais visíveis de melhoras.

A operação durou quinze minutos aproximadamente. O perigoso coágulo fora reabsorvido, a artéria fora tratada. Antônio ganhara mais cinco meses de vida, para que pudesse resolver os problemas familiares que exigiam sua autoridade paterna. Seriam cinco meses de permanência na Terra, se tivesse o devido cuidado. Deveria manter-se longe das preocupações excessivas. Deveria aproveitar as horas do repouso físico para justo refazimento, abdicando dos pensamentos deprimentes que poderiam levá-lo ao desencarne antes do tempo previsto. Precisava aprender a se poupar!

RAUL E ESTER

Alexandre foi procurado por duas senhoras, encarnadas, que, desligadas do aparelho físico durante o sono, imploravam o seu concurso. Eram Ester e sua prima; a primeira conhecera a viuvez em situação bastante dolorosa. Segundo seu amargurado depoimento, o marido fora assassinado. Ficara em péssima situação financeira, tendo três filhinhos e um casal de tios velhos por sustentar. Não bastasse, encontrava-se sem forças e equilíbrio para enfrentar um trabalho que viesse atender às necessidades familiares. Não queria saber a autoria do crime, queria, sim, acalmar o

Pessoas de André

coração desalentado, com alguma notícia do esposo. André foi convidado a participar do serviço intercessório, e, no dia seguinte, visitaram a modesta residência. Logo na chegada, perceberam a existência de muitas entidades de condição inferior movimentando-se por ali. A família estava sentada à mesa de refeições e era acompanhada por seis entidades, envolvidas em círculos escuros, que participavam da refeição, absorvendo emanações dos alimentos. Alexandre explicou que a mesa familiar é um receptáculo das influências de natureza invisível. Que aqueles que desencarnam em extremo apego ao que deixaram na Terra, quase sempre se mantêm ligados à casa, às situações domésticas e aos fluidos vitais da família. Normalmente, são os próprios encarnados que os retêm com suas doentias vibrações de apego.

A visita àquele lar visava colher informações sobre Raul. Como sabemos, a Espiritualidade sempre vela por nós. Nossas casas são habitadas por Espíritos guardiões, quando o lar vive em equilíbrio, e muitas vezes o serviço de visitação é efetuado por grupos de Espíritos que prestam assistência espiritual aos moradores. Um desses Espíritos informou que, apesar de toda a assistência, Raul cometera suicídio deliberado. Fora um ato premeditado. Adquirira a arma no último dia, e, mesmo depois de alvejado, tomara o cuidado de jogar a arma longe de si para simular um homicídio.

A situação complicara-se e muito. Se ele fosse vítima de assassinato, poderia ser imediatamente resgatado pelos irmãos do auxílio, mas, no seu caso, nada pôde ser feito. Sendo autor do infeliz gesto, entrou em imediato desequilíbrio, apresentando absoluta incapacidade de sintonia mental com elementos superiores. Foi, então, arrastado por uma turba de Espíritos inferiores, que lhe abusaram das forças vitais ainda restantes no corpo grosseiro. Levaram-no a um matadouro, onde, imantado ao grupo, parecia um robô desmemoriado pela influência maligna, a vaguear sem destino. Era preciso retirá-lo dali. Alexandre o envolveu em tamanho influxo magnético, fazendo-o tornar-se luminoso. Vendo isso, os Espíritos inferiores correram espavoridos, permitindo que fosse levado a uma casa espiritual de socorro urgente. Raul foi posto num leito alvo e o instrutor ministrou-lhe passes magnéticos. Seu despertar foi doloroso. Com imenso pavor a se lhe estampar no semblante, parecia não entender a consumação de sua desventura. Foi, então, entregue aos cuidados dos irmãos responsáveis pelo serviço de assistência, pois a crise demoraria, aproximadamente, umas setenta horas.

Passado o momento de crise, Raul, cheio de dores na ferida aberta, narrou sua amarga experiência. Quando decidiu morar na cidade grande, foi acolhido por um amigo de infância chamado Noé. O moço sempre lhe dava demonstrações de grande amizade. Certa vez, apresentou-lhe a noiva, com quem esperava constituir família num futuro breve. Essa jovem era Ester. Assim que a conheceu, Raul nunca mais pôde esquecê-la. Ela era o seu ideal de vida. Sua presença fazia-o sentir-se o mais ditoso dos homens. Por essa razão, Noé, em vez de ser um bom companheiro, passou a ser um empecilho, que precisava ser removido. Raul sabia perfeitamente que Ester seria incapaz de cometer uma traição. Ao mesmo tempo, Noé não era do tipo que provocaria um rompimento de compromissos assumidos. Foi então que surgiu a tenebrosa idéia de um crime: passou a usar pequeninas doses de um certo veneno, aumentando-as vagarosamente, até que seu organismo estivesse habituado a doses que, se tomadas por outras pessoas, teriam efeitos letais. Quando atingiu o padrão de resistência, convidou o amigo para jantar, servindo-lhe vinho envenenado. O resultado foi o esperado. Noé caiu fulminado, passando por suicida, e a ele nada acontecera. Assim que o amigo

Pessoas de André

morreu, pôde cortejar-lhe a noiva chorosa. Algum tempo depois estavam casados. Apesar do lar constituído, dos três filhinhos, Raul era atormentado pelo terrível segredo. Sua consciência acusava-o do ato hediondo. Pensou até em se entregar à justiça do mundo, confessando seu crime, mas sabia que as conseqüências seriam funestas à sua família. O remorso aumentava sempre. Sentia-se cada vez mais perturbado, receava enlouquecer. Foi quando surgiu a idéia do suicídio, pensando ocultar para sempre a tragédia da qual fora o autor. E agora, muito comovido, acordava naquele leito singelo, sentindo-se o mais mísero e desventurado dos homens: era suicida e criminoso.

Alexandre exortou-o a melhores disposições, explicando-lhe que havia suicidas em piores situações que a sua, e que sempre há lugar para a esperança, desde que não nos deixemos levar pela idéia da impossibilidade. Deveria transformar o remorso em propósito de regeneração. Contou-lhe que o atendimento se originara nas preces da esposa, que se mostrava saudosa e ansiosa por vê-lo.Que o encontro de ambos aconteceria durante o desdobramento de Ester pelo sono físico. Que, devido ao impacto que a situação poderia causar-lhe, seria necessária muita cautela, omitindo os detalhes. Era necessário que o encontro trouxesse consolação e estímulo à viúva, para que ela tivesse forças para trabalhar e prover as necessidades da família.

Todas as providências foram tomadas para o reencontro dos cônjuges. Raul deveria manter-se firme, auxiliado magneticamente por Alexandre. E foi o que fez. Manteve-se firme, exortando a companheira a ter coragem, fé. Prometeu-lhe que, assim que melhorasse, trabalharia em prol da família. Pediu-lhe que retornasse com novo ânimo.

Mas o trabalho ainda não findara. Por solicitação de Alexandre, a companheira espiritual Romualda foi designada a prestar assistência na modesta residência de Ester. No dia seguinte, por ocasião da hora do almoço, as entidades viciadas já rareavam ali. A viúva contava aos filhinhos o sonho da noite. Eles, maravilhados, desejavam viver igual ventura. Apesar das observações amargas dos velhos, ninguém se deixou influenciar. Não se sentiam ameaçados pela falta de recursos. O coração de Ester ganhara novas forças como a alegria e a esperança. Mais tarde, trazida pelas mãos da Providência, uma senhora distinta veio procurar Ester. Ofereceu-lhe um trabalho em sua oficina de costura. A viúva chorou de emoção, enquanto os trabalhadores espirituais davam por finda a tarefa que lhes fora confiada.

ALENCAR E SUA JOVEM MÉDIUM

A materialização, cada vez mais, torna-se um fenômeno raro. Extremamente delicada por natureza, exige condições especialíssimas, seja na composição, emissão e condução dos fluidos; seja no trabalho, que envolve grande número de Espíritos capacitados a manipulá-los e a contê-los dentro de sérios padrões, cujo desrespeito poderia causar sérios danos ao médium e ao Espírito manifestante.

No passado, assombrou os incrédulos e sacudiu os indiferentes. Cumpriu seu papel, comprovando a existência do Mundo dos Espíritos, numa fase em que o Espiritismo apenas iniciava a sua implantação. E, pouco a pouco, esses fenômenos foram substituídos por outros, mais condizentes com a expansão e a natureza da Doutrina, que é a fonte renovadora e moralizante da Humanidade.

É possível que jamais venhamos a participar de um trabalho desta natureza. Por isso, vamos presenciar, com André, a materialização de Alencar.

Pessoas de André

O dirigente do trabalho, Calimério, cuidava de todas as particularidades daquela tarefa mediúnica. A residência, onde os trabalhos transcorreriam, havia sido isolada por extenso cordão de trabalhadores. Vinte entidades de condição elevada movimentavam o ar ambiente usando as mãos em operações magnéticas, visando a ionização da atmosfera. Para a condensação de oxigênio no recinto, foram utilizados pequenos aparelhos, que movimentavam raios em todas as direções. A ozonização também fora utilizada, como bactericida, para eliminar larvas e outras expressões microscópicas inferiores. Procurava-se exterminar todos os princípios de origem inferior que pudessem afetar o processo fenomênico, pois o ectoplasma ou força nervosa que seria extraído abundantemente da médium poderia sofrer prejuízos fatais na presença de determinados elementos microbianos.

Operários do plano espiritual traziam extenso material luminoso colhido das plantas e das águas. Seria utilizado nos trabalhos da noite.

A médium chegou. Afável e simpática, ela penetrou o recinto, acompanhada de diversas entidades. Ligava-se, especialmente, com fios tênues de natureza magnética, ao Irmão Alencar, que se tornaria visível à assembléia encarnada. Ato contínuo, os trabalhadores se movimentaram no sentido de prepará-la. Uma limpeza eficiente e enérgica foi providenciada. Operações magnéticas atuaram nos processos de digestão, circulação, metabolismo, sistema nervoso, para manter o equilíbrio fisiológico.

Ali não era permitida a presença de Espíritos sofredores, que deveriam ser atendidos em trabalho específico, por causa dos riscos de contaminação da médium e do ambiente. Do lado espiritual tudo se fazia para manter o ambiente higienizado. Porém, nem sempre os encarnados tinham consciência de como proceder num trabalho daquela natureza. A Espiritualidade não tinha como reter um encarnado que trouxesse de "carona" uma entidade inferior. Imprevistos acontecem e, de repente, foi detectada a presença de um irmão alcoolizado. Apesar de revelar exteriormente uma aparência equilibrada, ele emitia fluidos venenosos pelas narinas, boca e poros. Imediatamente os tarefeiros o envolveram, neutralizando-lhe as emanações alcoólicas.

A médium foi conduzida a um pequeno gabinete improvisado. Após breve oração, foi estimulada ao desdobramento por Calimério, que derramava sobre ela seu potencial energético. Em seguida a moça passou a exalar um fluxo abundante de neblina extensa e leitosa. Porém a assembléia encarnada, ali presente, emitia vibrações desencontradas: uns queriam determinar quem deveria se materializar, outros faziam exigências mentais e solicitações descabidas. Com tantos pensamentos desencontrados, a materialização corria o risco de não se realizar. Era necessário extinguir o conflito de vibrações.

O ectoplasma, ou a força nervosa da médium, é constituído por matéria plástica e sensível às criações mentais. Foi com uma certa quantidade desses fluidos que o companheiro de André mentalizou e manipulou um aparelho fonador que, aos poucos, tomou forma sob o olhar estupefato dos presentes. Via-se perfeitamente as cartilagens, as cordas vocais e todos os outros elementos que propiciam a fala. E foi através da garganta materializada que se falou diretamente com a platéia, pedindo que todos cantassem, evitando a concentração.

Fez-se música no local. Agora com o ambiente mais apaziguado, Alencar tomava forma, ligado profundamente à organização mediúnica da doadora, ainda no gabinete. Outros elementos fluídicos, manipulados anteriormente, foram adicionados ao ectoplasma, permitindo que

Pessoas de André 47

ele aparecesse, perfeitamente materializado, frente aos presentes. Pôde entreter pequena palestra com os companheiros terrestres, que excitados tentavam tocálo imprudentemente. Os gestos incontidos repercutiam desagradavelmente na intermediária. Outro fenômeno foi providenciado: mãos e flores materializadas maravilharam os presentes por tamanha demonstração de afeto. Agora todos estavam felizes e irmanados. Uma vez mais fora comprovada a imortalidade da alma. Então o trabalho findou-se com demonstrações de agradecimento a Deus, assim que a médium foi reintegrada ao seu patrimônio psicofísico.

SEGISMUNDO

A reencarnação é um dos princípios básicos da Doutrina Espírita. Ela nos ensina que estamos fadados a renascer no mundo material quantas vezes forem necessárias, até alcançarmos a perfeição. Isso nos parece natural, idéia simples. Mas, se começarmos a pensar, perguntar e procurar entender o funcionamento das coisas, nós veremos que não é tão simples assim!

O fato se verificou, a princípio, no Ministério do Esclarecimento, onde existe um setor denominado Planejamento de Reencarnações. Ali, as almas, que já alcançaram um padrão mais elevado de cultura e conhecimentos, recebem cuidados especiais durante o processo reencarnatório. São Espíritos em débito, mas com valores de boa-vontade, perseverança e sinceridade, que lhes dão o direito de influir sobre os fatores de sua próxima encarnação; escapando ao padrão geral, que se processa em moldes padronizados.

Nosso reencarnante chamava-se Segismundo. Ele e os

48   Isabel Scoqui

futuros pais, Adelino e Raquel, foram protagonistas de uma dolorosa tragédia. Por causa de uma paixão desvairada, Adelino fora vítima de homicídio; Segismundo, do crime; e Raquel, do prostíbulo. Desencarnaram sob enorme desequilíbrio, padecendo nas zonas inferiores. Socorridos e por intercessão de amigos, obtiveram permissão para o recomeço na carne, a fim de dissiparem antigos sentimentos de ódio e desesperação. A convivência visava a aproximação fraternal daquelas criaturas e o perdão recíproco. Enquanto Adelino e Raquel dirigiam-se à carne, Segismundo permanecia no Plano Espiritual, trabalhando com afinco. Chegou a dirigir uma pequena instituição destinada ao auxílio de necessitados, onde granjeou muitos amigos. Mas o débito antigo chamava-o ao resgate. Precisava libertar-se das crises de consciência. Era tempo de partir...

Do mesmo modo que organizamos plantas prévias para construir nossa casa, são necessários projetos para construir nossas futuras habitações carnais. Para possibilitar um planejamento eficiente, numerosos cooperadores trabalham nos pavilhões de desenho. "Pequenas telas, demonstrando peças do organismo humano, estavam ordenadamente em todos os recantos. Tinha a impressão fiel de que me encontrava num grande centro de anatomistas, cercados de auxiliares competentes e operosos. Espalhavam-se desenhos de membros, tecidos e glândulas, fibras, órgãos de todos os feitios e para todos os gostos." Nesse local, foram elaborados os mapas, que continham as informações genéticas adequadas às necessidades do reencarnante. Na idade madura, em conseqüência da falta cometida no passado, Segismundo deveria experimentar difícil moléstia no coração.

Inicialmente, a possibilidade de reencarnar enchia o coração de Segismundo de robustas esperanças. Mas o medo de falhar, em seus propósitos, minava-lhe a resistência.

Além disso, seu futuro pai, esquecido das promessas que fizera no Plano Espiritual, não suportava qualquer tentativa de reaproximação. Rejeitava-o veementemente, a ponto de aniquilar os gametas que garantiriam a geração da vida física. Desânimo de um lado, intransigência de outro: era preciso agir para que a futura reencarnação tivesse êxito. Os amigos espirituais resolveram promover um encontro entre eles, almejando um efetivo entendimento. Aproveitaram o desdobramento, ocasionado pelo sono físico, para colocá-los em contato. Segismundo fez uma comovente súplica ao futuro pai. Apesar de sentir enorme repulsa, Adelino sensibilizou-se com o sincero pedido de perdão por parte do antigo adversário. Isso o ajudou a romper as dolorosas reminiscências do passado. Aconteceu, então, um fenômeno interessante: o corpo espiritual de Adelino foi eliminando a substância opaca, que o envolvia, e revelou características luminosas. O perdão fora sincero!

A partir de então, iniciou-se o processo de ligação fluídica do reencarnante com os pais. À medida que a aproximação se dava, notava-se uma singular modificação em seu corpo fluídico. Isso era necessário para que o organismo perispiritual pudesse retomar a plasticidade. Semelhante processo ocorre por ocasião da morte física na Crosta. Há a necessidade de se desfazer determinados elementos incorporados num círculo de vida para se transferir a outro.

Tudo parecia correr bem, mas Segismundo, tomado de temores, demonstrava insegurança, medo de falhar em seus propósitos. Os amigos espirituais chamaram-no a outro tipo de comportamento, alertando-o que essa postura poderia trazer graves conseqüências. Era necessário munir-se de novo ânimo. Afinal, chegara a oportunidade de se redimir perante aqueles a quem tanto mal fizera no passado. Pensar em recuar ou permanecer em desânimo poderia traduzir-se em inadaptação, o que perturbaria o desenvolvimento fetal e determinaria o abortamento de seu novo corpo físico. Chamado a brios, Segismundo mudou completamente, deixando-se levar pelas instruções dos Espíritos Construtores. O trabalho dos Espíritos amigos intensificou-se. Estimulavam-no com essas palavras: "Lembre-se da organização fetal, faça-se pequenino! Imagine sua necessidade de tornar a ser criança para aprender a ser homem!" Por meio da magnetização, o perispírito de Segismundo foi se tornando reduzido.

Chegara a hora da sua ligação inicial com a matéria orgânica. O fato transcorreu no quarto do casal, que, desdobrado pelo sono, recebia homenagens de amigos. Foi nesse clima de festa que Raquel recebeu o futuro filho nos braços. Estreitou a forma infantil de encontro ao coração, incorporando-a em si pelo processo de união magnética. Mas ainda havia a parte material a ser feita. E foi com profundo respeito que, identificado o gameta masculino mais condizente com as necessidades orgânicas do reencarnante, os trabalhadores o estimularam magneticamente para que pudesse fecundar o óvulo. A forma reduzida de Segismundo foi ajustada e a vida latente começou a movimentar-se.

O trabalho continuou e somente no vigésimo primeiro dia, quando o embrião já atingira a configuração básica, foram permitidas visitas de entidades amigas. Muitos dos Espíritos que estiveram acompanhando de perto os trabalhos puderam se ausentar, ficando apenas três deles, até que, em nove meses consecutivos, pudesse se efetivar o renascimento de mais uma criatura sobre a Terra.

VOLPINI

Relataremos uma experiência reencarnatória diversa da anterior. Na outra, vimos como Raquel recebeu o filho, em seu regaço, incorporando-a na intimidade de seu corpo fluídico. Um gesto de amor, de mãe. Mas, nem todos vêm à Terra em semelhantes condições. Há os rejeitados, que por necessidade evolutiva devem nascer de mães irresponsáveis e levianas. Tudo indica a ação da Lei de Causa e Efeito, que reflete, no presente, um passado delituoso. Faz-se necessária a gestação difícil, às vezes impossível, para a remissão de faltas cometidas. Segundo a Espiritualidade, quando os desequilíbrios se localizam na esfera paternal ou procedem da influência de entidades malignas, ainda há o que fazer. No entanto, se a desarmonia decorre do campo materno, é quase impossível uma ação protetora e eficiente ao feto.

É o caso de Cesarina. Empolgada com a idéia de gozar a vida, irmanou-se com entidades da pior espécie que, explorando seu desejo, levaram-na a separar-se do marido a fim de precipitá-la, com maior brevidade possível, na esfera das emoções baixas. Os Espíritos construtores tudo faziam para levar a gravidez até o final, porém, incentivada pelos companheiros da sombra, a gestante preparava-se para mais uma noitada de extravagâncias: álcool e sexo desregrado.

Grande era a preocupação. Examinado de mais perto, o feto de sete meses apresentava-se em deplorável situação, coberto por estranhas manchas roxas. O líquido amniótico mostrava-se repleto de formas minúsculas que invadiam o cordão umbilical e furtavam todo o alimento daquele ser indefeso. Também a placenta estava contaminada por eles. Terrível impressão sentiria quem observasse o quadro. Qualquer atividade extravagante provocaria o aborto. Pela terceira vez!

Cesarina preparava-se para sair. Perfumava-se e

produzia-se de modo a disfarçar o adiantado estado de gestação. Os Espíritos, incumbidos de amparar o reencarnante, tentaram um último recurso. Procuraram a dona da casa que a abrigava. Inspirada pelos amigos espirituais, esta tentou adverti-la quanto à irresponsabilidade de seus gestos e chamá-la a uma atitude mais digna. A conversa alongou-se por duas horas. Toda a argumentação possível foi utilizada. Porém, a moça permaneceu irredutível. Enlaçada por horrenda entidade de baixa condição vibratória, resistiu a todos os apelos. As entidades, ligadas a ela, exibiam gestos de revolta e sarcasmo. Até que um carro buzinou, e lá se foi a nossa gestante, seguida pelo séquito de criaturas viciosas.

Seguida de perto, Cesarina foi encontrada num grande bar. Homens e mulheres ocupavam lugares reservados, excitados pela música ensurdecedora e acompanhados por uma multidão de desencarnados alucinados pelo prazer. A moça estava acompanhada por um cavalheiro sem escrúpulos. Faziam uso de alcoólicos, elegantemente disfarçados.

Infelizmente, não havia mais o que fazer. A encarnação de Volpini fracassara. Ali mesmo, o perispírito da criança semiconsciente foi retirado. Toda a região uterina, da ex-mãe, recebeu passes magnéticos. Era necessário cuidar para que a mulher invigilante não deixasse a Terra. Quem sabe, ainda iria aproveitar alguma boa oportunidade na presente encarnação... Volpini, o companheiro desligado prematuramente, foi levado a uma organização socorrista, onde recebeu tratamento adequado.

Na manhã seguinte, Cesarina não havia voltado para casa. Uma vizinha viera avisar a dona da casa que a moça havia sido recolhida a uma casa de saúde, em estado grave.

DIONÍSIO FERNANDES

Mesmo conhecendo os princípios da Doutrina Espírita, nem sempre agimos corretamente com os nossos mortos. Aliás, o próprio termo *morto* precisa ser mais bem compreendido. Temos convivido com valores, ao longo dos séculos, que se encontram ultrapassados. Nossa cegueira, quanto aos fatos do além-túmulo, leva-nos a imaginar coisas imprecisas, miraculosas ou que sejam mais convenientes ao nosso próprio interesse. Mas, parte da venda foi tirada de nossos olhos e então podemos entender como funcionam as coisas do lado de lá. Graças ao Espiritismo, o mundo espiritual já não é uma terra nebulosa e longínqua. Seus habitantes não são anjos, demônios ou fadas; são pessoas desencarnadas que se alimentam, estudam e trabalham em cidades como as deste mundo. Às vezes, muito melhores.

Com as luzes trazidas pelo Consolador, os milagres, agora explicados por leis que regem a vida física e a vida extrafísica, deixaram de existir. O acaso também não. Existe, sim, trabalho e planejamento. Da mesma forma, o que parecia privilégio na verdade não é. Cada um recebe segundo o seu mérito. A morte não nos transforma como num passe de mágica. Despe-nos da vestimenta física. Quanto à moral, à capacidade intelectiva, aos valores e experiências, somos os mesmos. Carregamos também as nossas dificuldades, culpas e deficiências.

Vejamos o caso do nosso irmão Dionísio. Antigo freqüentador de um Centro Espírita, Dionísio desencarnara recentemente e encontrava-se recolhido numa organização de socorro. Refazia-se e se readaptava ao Plano Espiritual. Entretanto, os velhos companheiros encarnados vinham insistindo pela sua comunicação, alegando que a família estava inconsolável e que a sua presença seria de bom alvitre para amigos e familiares.

Alexandre, o orientador, não achava prudente aceder ao pedido. Argumentou que os companheiros encarnados não estavam preparados convenientemente para a experiência, pois colocavam a investigação e o raciocínio acima do sentimento e da compreensão. Observou o tempo reduzido de permanência do desencarnado naquela esfera, sendo desaconselhável retirá-lo do asilo que o acolhia. Ponderou sobre a intranqüilidade da família, que lhe poderia ser prejudicial, atrapalhando sua adaptação, perturbando-lhe o campo emocional. Havia ainda a instabilidade do aparelho mediúnico que o receberia. Portanto, considerava inoportuna a medida. Mas as solicitações continuavam freqüentes. Tanta insistência, que o instrutor deu sua permissão: Dionísio viria na noite seguinte.

O recém-desencarnado mostrou-se eufórico com a possibilidade de se comunicar com os amigos e familiares. Mas o instrutor conteve a excitação, informando que o comunicante deveria se abster das questões particulares e só falar sobre o que tivesse interesse coletivo. Fê-lo ponderar sobre as dificuldades de um médium para satisfazer as exigências dos irmãos encarnados, quanto à identificação do comunicante. Por isso, poderiam duvidar da autenticidade da comunicação. Informou-o que a intermediária seria Otávia, sendo necessário muito cuidado e respeito com o aparelhamento que ela lhe cederia por empréstimo. Após ligeiras combinações e com algumas horas de antecedência, Dionísio foi levado à casa da médium, para facilitar a harmonização entre ambos. Foi deixado no aposento em que a tarefeira se preparava nos dias de trabalho espiritual.

Otávia cozinhava o jantar. Estava pálida e apreensiva. Débitos contraídos em vidas anteriores levaram-na a contrair matrimônio com um homem bruto e ignorante. Naquele dia, o marido se embebedara antes do almoço. Discutiram, e ele a agrediu fisicamente. O choque nervoso causou-lhe forte

Pessoas de André

perturbação gastrintestinal. Depois disso, mal se alimentara. Recursos magnéticos foram-lhe ministrados por enfermeiros espirituais, impedindo que ficasse acamada.

Assim que terminou suas atividades, a médium dirigiu-se ao quarto, onde se costumava preparar para os trabalhos espirituais. Ali, Dionísio falou-lhe demoradamente sobre suas necessidades espirituais, comentando a esperança de se fazer presente junto aos amigos e à parentela. Otávia registrava-lhe a presença, bem como o teor da conversação prévia, ambientando-se ao assunto que seria tratado logo mais. Tudo ia bem, até que a tranqüilidade foi quebrada. O marido de Otávia chegou vociferando e trazendo consigo Espíritos de natureza muito inferior. Para evitar problemas, a dona de casa logo serviu o jantar. O esposo, que permanecia exaltado desde cedo, arranjou um jeito de proibi-la de ir ao Centro naquela noite.

Todo o trabalho de preparação da médium parecia perdido, mas a ocorrência fora prevista pelos amigos espirituais. Momentos depois, uma pessoa batia à porta. Era uma tia que viera inspirada pela Espiritualidade. Essa senhora tinha grande ascendência sobre a vontade do sobrinho e, argumentando precisar da companhia de Otávia, fê-lo mudar de idéia.

Pouco antes das oito horas da noite, um grande número de cooperadores espirituais se movimentava no trabalho de assistência, preparação e vigilância do ambiente. Procuravam também auxiliar o sistema endocrinológico, fígado, estômago e intestinos da médium, para melhorar sua capacidade receptiva.

O trabalho iniciou-se às vinte horas com uma prece comovedora do dirigente da casa. Notava-se um espetacular fenômeno luminoso na glândula epífise da médium. Terminada a oração, o corpo perispiritual de Otávia foi afastado parcialmente do corpo físico. Dionísio aproximou-se do veículo da intermediária e, através dele, falou muito emocionado aos presentes. Manteve, com coragem, uma palestra edificante de aproximadamente quarenta minutos. Calara, em si, certas situações familiares. Tivera dificuldades para reter as lágrimas de emoção. Oferecera possibilidades de identificação pessoal, mas não fora suficiente! A maioria dos assistentes não aceitou a veracidade da manifestação. Somente sua esposa e poucos amigos sentiram-lhe a palavra vibrante.

Alexandre tinha razão! Os próprios filhos duvidaram do fenômeno. Alegavam que, como pai, Dionísio deveria comentar a difícil situação em que ficara a família. Uns amigos argumentavam que os pormenores usados para identificação eram de conhecimento da médium, sugerindo animismo. Outros alegavam a falta de novidades no teor da comunicação; houve até quem imaginasse um mistificador do plano invisível. Era hora da entidade comunicante retornar ao lugar de origem, de onde, na verdade, não deveria ter saído. Encontrara sarcasmo e descrença. Exigiam um Dionísio-homem mas, prevendo as conseqüências, a Espiritualidade impôs um Dionísio-Espírito. No fundo, a maioria esperava da Espiritualidade a satisfação dos seus caprichos.

MARINHO

Alexandre foi procurado por uma mãe esperançosa. Pedia ajuda ao filho desencarnado que permanecia nas zonas inferiores por mais de dez anos. Diversas vezes fora conduzido a situações de esclarecimento e iluminação, mas sem resultado. Ultimamente, porém, notava-se outra disposição naquele Espírito. Ainda que permanecesse

Pessoas de André

mergulhado na rebeldia, seu entusiasmo pelas sugestões malignas já não tinha o mesmo vigor. Conseguira, algumas vezes, levá-lo à prece. Era chegado, para ele, o momento da reintegração no caminho do bem. Sentia-se culpada pelo infortúnio do filho. Quando encarnados, a genitora obrigou-o a ingressar no seminário. Ele não estava preparado para ser um condutor de almas e, ao envergar o hábito dos Jesuítas, perdeu-se no orgulho e vaidade excessiva. Difícil é o despertar no mundo espiritual. As almas, que receberam tarefas de natureza religiosa, são sempre as mais cobradas. É o caso daqueles que envergam o hábito sacerdotal sem devotamento. Estimam interesses e cultos exteriores, terminando a existência transitória sem qualquer elevação moral, na condição de cegos e surdos aos sacrifícios apostólicos. Habituados ao incenso dos altares e à submissão das almas encarnadas não reconhecem a própria falência, enquistando-se na revolta. Não encontrando o céu fantástico que julgam merecer, fogem ao doloroso processo de readaptação à realidade, organizando perigosos agrupamentos de almas rebeladas. O orgulho dificulta-lhes aceitar a corrigenda em si mesmos.

Foi o que se deu com Marinho. A realidade além-túmulo mostrou-lhe que é dado a cada um segundo as suas obras. Revoltado, não cedeu à crise consciencial, escudando-se na indiferença que o protegeria na sua posição de líder. Por isso, não conhecera, ainda, o sofrimento como conseqüência natural de seu comportamento equivocado.

Agora parecia estar mais predisposto à renovação. Alexandre acolheu o pedido materno, permitindo uma nova doutrinação. Marinho deveria manifestar-se num ambiente que envolvia médiuns e doutrinadores humanos. O magnetismo dos encarnados atuaria em benefício dele e o fato serviria de lição aos encarnados.

Marinho foi encontrado em uma velha igreja. Não conseguia ver os amigos, que foram buscá-lo, por causa de sua condição vibratória. Via apenas Necésio, um padre militante que se mantinha visível propositadamente. Travaram um longo diálogo. Convidado a participar de uma reunião onde lhe ofereceriam novas vantagens, e, instigado pelo magnetismo materno, Marinho concordou participar. Pouco depois, lá estava ele, mantido dentro da fronteira vibratória que rodeava a mesa de trabalhos espirituais. Quis recuar, mas não pôde.

Através da mediunidade de Otávia, o infeliz deu vazão à ira. Forças mentais emitidas pelos irmãos presentes e de organismos mediúnicos foram manipuladas pelos benfeitores. Esses recursos foram usados para tornar a mãe de Marinho visível a ele. Uma conversa dolorosa seguiu-se. A mãe exortava-o a render-se perante a realidade. Pedia-lhe perdão por induzi-lo à responsabilidade religiosa que ele, à época, não estava apto a enfrentar. Profundamente sensibilizados, ambos choraram enternecidamente. A emoção arrombara a redoma de indiferença em que se colocara o infeliz. Encorajado pela ternura da mãe, ele cedeu. A dedicação maternal triunfou, trazendo alívio e esperança às chagas daquele coração desiludido.

Obreiros da Vida Eterna

DOMÊNICO

André Luiz e sua equipe tinham por incumbência auxiliar cinco trabalhadores que estavam prestes a desencarnar na Crosta. Antes de chegarem ao destino, passaram pela Casa Transitória de Fabiano, onde deveriam internar, provisoriamente, essas pessoas, assim que a desencarnação lhes ocorresse. Em gratidão ao apoio oferecido, deveriam prestar todo auxílio possível àquela instituição. A Casa Transitória é uma construção de movimento aéreo. Muda-se de uma região para outra, atendendo às circunstâncias. É um asilo móvel.

A equipe chegou num dia em que a necessidade de mudança era urgente. O local onde a instituição estava pousada foi designado sob regime de limpeza. A passagem do fogo purificador desintegraria os resíduos mentais de natureza inferior ali acumulados, evitando iminentes tempestades magnéticas.

Zenóbia, a diretora da instituição, pediu o auxílio da equipe no sentido de resgatar um irmão, que jazia em plena demência nos abismos de treva. Ela acreditava que, se perdesse a oportunidade, o resgate posterior daquela criatura seria muito mais difícil. Além disso, conseguira autorização para incluí-lo entre os tutelados externos da instituição. Esse pobre irmão chamava-se padre Domênico.

Tomadas todas as providências, a equipe deixou a Casa Transitória andando em plena escuridão. Denso nevoeiro abafava a paisagem. Era necessário que todos permanecessem calados. Gritos selvagens e dolorosos gemidos eram ouvidos ao longe. Pouco depois, atingiram uma zona pantanosa. Dava para adivinhar a presença de gente atolada na lama. André não conseguira sofrear a curiosidade e perguntou se ali havia almas humanas. Bastaram as poucas palavras para desencadear o tumulto. Lamentos, pedidos de ajuda, imprecações. Figuras animalescas avançaram contra a caravana, sendo necessário o uso de aparelhos de descarga elétrica para contê-las. A expedição prosseguiu diligente e muda e, em pouco tempo, penetrou em outro tipo de terreno. Era escarpada região, cheia de sombras agressivas. Logo à frente, encontraram um local mais ameno. Fizeram uma breve parada no trajeto, para que Zenóbia pudesse explicar o trabalho a ser realizado e dar melhores esclarecimentos sobre o irmão que seria assistido.

Zenóbia contou que o padre Domênico fora um devotado amigo ao qual era muito grata. Na mocidade, fora ele tocado por grandes esperanças. Entretanto, a vida se encarregara de frustrar os caprichos que trazia no coração. Ressentido, apelou para o sacerdócio, mas foi incapaz de se manter fiel ao Senhor até o fim de seus dias. Aproveitou-se da ingenuidade e da boa-fé das pessoas para concretizar propósitos menos dignos, aviltando corações sensíveis e amorosos. Ocasionou desastres morais de reparação difícil. E assim, foi-se afundando no lamaçal escuro dos erros voluntários. Desencarnou em angustiosa situação. Com o coração enregelado pela descrença e pela revolta, vagueou pelas trevas por muito tempo. Permaneceu alheio aos apelos de amor e paz que lhe endereçavam os amigos, conservando-se em desequilíbrio psíquico. Para que não complicasse ainda mais a sua situação, alguns cooperadores da Casa Transitória

Pessoas de André

ministraram-lhe operações fluídico-magnéticas, que lhe restringiram a capacidade de locomoção. Trouxeram-no para a borda dos precipícios trevosos e, ali, a pobre criatura nutria a sua própria demência.

Uma das componentes da equipe, Luciana, seria importante instrumento no esclarecimento do irmão sofredor, em virtude de suas adiantadas faculdades de clarividência. Dirigiram-se, então, ao local onde o homem jazia estendido de costas. Trajava uma batina esfarrapada e negra. Apesar da penumbra, via-se a horrível máscara de ódio e indiferença. Os olhos fundos e parados davam a sensação de desespero e zombaria. Zenóbia sentou-se no chão e ajeitou-lhe a cabeça no colo. Nenhuma reação por parte dele. Percebendo o quanto as faculdades daquele homem estavam comprometidas, a tarefeira orou a Jesus demoradamente, pedindo que lhe fosse dado o dom de ouvir. Logo depois, o homem já demonstrava capacidade auditiva diferente.

"Quem está aqui?", perguntou. E, ao saber que eram aqueles que trabalhavam em seu favor, reagiu com desdém. Queria usufruir os privilégios do sacerdócio e, por não consegui-lo, acreditava-se traído, lesado nos direitos que lhe haviam sido prometidos. Afirmou preferir as trevas, pois se sentia desamparado pelas forças divinas. Todos sabiam que o jogo de palavras não resolveria o problema. Então, entraram em prece e pediram a Luciana para se concentrar. Chegara o momento da ação.

A clarividente aproximou-se do infeliz e fitou-lhe a fronte demoradamente. E começou a descrever as negras lembranças ali insculpidas. Na última noite de sua existência terrena, Domênico adentrou um lar honesto. Sua atitude era suspeita e seus sentimentos menos dignos. Usando finas palavras de sedução, conseguiu que certa mulher cedesse aos seus desejos carnais. Mas havia uma testemunha ocular:

o esposo traído. Este, tomado pelo ódio e desespero, urdiu um plano de vingança. Envenenou uma garrafa de vinho e procurou o inimigo na casa paroquial. Presenteou-o com a bebida e estimulou-o a experimentá-la. O efeito da substância venenosa foi fulminante. Assim que o padre apresentou completa impossibilidade de fala, o rival eliminou as provas do crime e clamou por socorro. Logo depois, Domênico sentiu o enrijecer da morte física. O médico acreditou que se tratava de suicídio e, para evitar escândalos, registrou ataque de angina no laudo necroscópico. Mas a paz, com que o monsenhor o recomendara, não existia. A morte o surpreendia mergulhado num doloroso abismo, prisioneiro das próprias vísceras decompostas.

Em pleno sepulcro, surgiu uma outra vítima de seu poder fascinador. Uma pobre mulher que confiara excessivamente em suas promessas. Engravidara-se. Desesperada, ela lhe pedira socorro e uma solução, mas o vigário, experiente, alegara ser impossível assumir qualquer compromisso. Para se safar da situação, propôs-lhe um casamento apressado com o último dos seus servos. A jovem, sentindo enorme repulsa, ingeriu grande dose de veneno, tentando pôr fim à tragédia interior. No dia seguinte, ao amanhecer, foi chamado pela família enlutada. Dirigiu-se ao local, preocupado tão-somente com as conseqüências que poderiam pesar em seu desfavor. Conseguiu que o médico atestasse morte natural e, com isso, sentiu grande alívio, recuperando o bem-estar.

Depois de pequena pausa, Luciana prosseguiu a leitura mental. Viu o pai de Domênico, que estava gravemente enfermo. Chamara o filho para incumbi-lo de oferecer uma parcela dos seus bens aos outros filhos que tivera fora do casamento. Pretendia também legitimá-los, pois estava arrependido dos deslizes que cometera. Por isso, mandara lavrar um grande testamento que lhe entregou em confiança.

Pessoas de André 63

Domênico jurou cumprir à risca a vontade paterna. Porém, assim que o moribundo cerrou os olhos, tratou de ocultar o documento em pesado móvel. Sabia que certa mulher, cercada de filhinhos, esperava dali o sustento necessário, mas se omitiu deliberadamente. Mais uma pessoa lesada. Domênico passou a desejar, por interesses pessoais, o curato que pertencia a um velho pároco. Fez-lhe várias propostas, inclusive a de comprar a propriedade. O velhinho não aceitou, justificou que ali permanecia há anos e, como estava doente, desejava morrer ali, respirando o ar amigo do seu pequeno pomar. Domênico não se deu por vencido. Usou seu prestígio político dentro do clero, gratificou companheiros e conseguiu o que queria. O velho pároco foi removido, compulsoriamente, para longínqua paróquia, onde morreu intoxicado pelo inconformismo, nutrindo intensas vibrações de ódio pelo seu adversário.

Surgiu outra vítima. Após farta refeição da manhã, uma mulher o procurou. Estava quase cega e trazia pelas mãos um menino. Perguntou-lhe se esquecera do filho. Precisava de ajuda pois, muito anêmico, o menino beirava a morte. Surpreendera-o uma tuberculose devoradora e, por isso, suplicava-lhe o auxílio financeiro para tratá-lo. Mas o padre não se condoeu com a situação. Ameaçou soltar os cães bravos, escorraçou-os, e os pedintes foram forçados a fugir, espavoridos. Dias depois, o menino alcançou o último degrau da anemia e morreu sem recursos. A mãe infeliz também desencarnou, nutrindo sinistro desejo de se vingar.

Acompanhando a narrativa de Luciana, o desventurado proferiu um grito alucinado pelo sofrimento moral. Soluços rebentaram-lhe no peito. As lágrimas jorraram abundantes. Aproveitando esse novo estado de espírito, propenso ao arrependimento, o padre Hipólito entrou em ação.

64 Isabel Scoqui

Esclareceu-o quanto ao verdadeiro exercício do sacerdócio, exaltando os exemplos de Jesus. Foi semeando novas idéias naquele terreno consciencial preparado pela dor.

Zenóbia orava, evocando a presença de Ernestina, que fora dedicada mãe de Domênico. Logo, a velhinha compareceu, amealhando a simpatia de todos. Pelo efeito da prece, o filho conseguiu enxergá-la. Ele, que fora tão rígido e indiferente, parecia uma criança. Sofrendo doloroso remorso, refugiou-se no colo materno, qual criança indefesa. Confessou a enormidade de seus crimes. A mãezinha esclareceu-o e confortou-o. Falou-lhe das enfermidades da alma, do envolvimento com as sugestões do mal, dos deveres não cumpridos, da necessidade de reconhecer os próprios erros e de repará-los. Falou-lhe também de Jesus, o divino médico e amigo incondicional. Conseguiu que o filho a acompanhasse numa singela prece. A seguir, a venturosa mãe enlaçou-o nos braços, como se o fizesse a uma criança enferma. Partiu, suportando o valioso fardo, em direção à Crosta planetária. Domênico deveria entrar em processo reencarnatório. Arrependido, estava em condições de se reintegrar nas correntes carnais. Voltaria como filho sofredor de alguém que conhecera em outro tempo: aquele marido traído que lhe tirara a vida agora lhe daria condições de retornar a ela na qualidade de amoroso pai.

Fora uma grande batalha na guerra do amor contra o ódio, da luz contra as trevas e do bem contra o mal.

DIMAS

A equipe de André Luiz partiu para a Crosta a fim de acompanhar e assistir algumas pessoas em fase de desencarnação. A Casa Transitória de Fabiano, que se havia mudado para outro lugar, seria utilizada como sede de recuperação dos recém-desencarnados. Durante o sono, os cinco irmãos, desdobrados do corpo físico, foram levados até a instituição, para se habituarem à nova esfera de vida. Ali, receberam também recursos fluídicos para revigoração do organismo espiritual, preparando-os ao desligamento definitivo. Logo depois, os enfermos foram devolvidos aos leitos de origem. Dentre todos, Dimas apresentava maior desgaste orgânico. Fora acometido por cirrose hipertrófica. Saíra do plano espiritual há pouco mais de meio século. Desenvolvera faculdades mediúnicas, colocando-se a serviço de necessitados e sofredores. Fora uma pessoa desfavorecida de qualquer vantagem material. Com muito custo, aprendera a ler e a escrever. Entregue a serviço rude, a subsistência lhe custava enormes sacrifícios diários. Mesmo passando por tantas dificuldades, dedicou-se aos desalentados e aflitos de toda sorte. Sua existência converteu-se em refúgio dos doentes do corpo e da alma. Noites mal dormidas, refeições irregulares, perseguições gratuitas,das quais ele fora objeto, minaram sua resistência, culminando na doença fatal.

Foi encontrado, no leito, em situação gravíssima. O decesso deveria acontecer naquele mesmo dia. No momento, não era senhor de suas emoções. Estava agitado, pois temia pelo futuro da esposa e filhos. Apesar das prolongadas vigílias e sacrifícios diários, sua esposa mantinha-se ali, aos pés da cama. Com os olhos inchados de tanto chorar, emitia forças de retenção amorosa que se emaranhavam no moribundo com fios cinzentos. Era necessário afastá-la, pois sua incompreensão constituía sério empecilho para o desligamento.

Apesar da falência de quase todos os órgãos, os trabalhadores espirituais usaram seus próprios fluidos para induzirem uma melhora temporária. Num esforço inaudito, Dimas conseguiu falar e pediu à esposa que fosse descansar. Cedendo ao pedido do esposo, ela se recolheu ao quarto, deixando-o repousar. O agonizante esforçava-se para organizar o pensamento, queria orar. Com o impulso magnético fornecido pelos amigos espirituais, Dimas elevou sentida oração a Jesus e Maria. Nesse momento, venerável anciã deu entrada no recinto. Era sua mãe, que vinha ampará-lo nos momentos finais. Foram então desligados os laços que prendiam o centro vegetativo do ventre e o centro emocional no tórax, permanecendo um leve cordão prateado que ligava o cérebro físico ao cérebro do corpo perispiritual. Assim deveria permanecer até o dia imediato, para absorção dos princípios vitais restantes do campo fisiológico. Amparado no regaço da mãe, poderia gozar de um sono tranqüilo, porém havia a interferência das vibrações antagônicas do ambiente.

Geralmente, em velórios, as conversas sempre giram em torno de fatos ligados ao morto, quando não degeneram em anedotário impróprio. Em certa roda, um senhor relembrou um acontecimento em que Dimas fora testemunha de um homicídio. Sabendo que o crime teria funesta repercussão na comunidade, jamais revelou o que vira. A pessoa que narrava o ocorrido, disse que soubera, do acontecido, pelo padre que ouvira o assassino em confissão no leito de morte.

Dimas fora muito dedicado à causa do bem, porém se descuidara de incentivar a prática metódica da oração em família. Por isso, possuía defesas pessoais, mas a residência conservava-se à mercê de visitação de quem quisesse ali penetrar. O episódio, que narrava o assassinato, funcionou como uma invocação indireta: a triste figura do assassino irrompeu a sala. Vendo o cadáver daquele que o isentara da punição terrena, precipitou-se sobre ele, chorando e pedindo socorro. Não bastasse isso, a esposa, num acesso de pranto, chamava-o e proferia frases de inconformação. Essas

Pessoas de André 67

investidas causavam-lhe choques desagradáveis através do cordão prateado. As vibrações maléficas oprimiam e torturavam-no, transformadas em terrível pesadelo. No dia seguinte, o corpo perispiritual apresentava-se mais fortalecido, razão pela qual foi cortado o último liame. Imediatamente, o corpo físico entrou em avançada decomposição. Sempre amparado pela devotada mãe, Dimas presenciou o próprio enterro. Pôde orar e agradecer a Deus o corpo, que ora deixava, por ter sido importante instrumento na sua experiência carnal. Assim que o caixão foi aberto, antes da inumação, a Espiritualidade, ali presente, se incumbiu de dispersar todos os resíduos de vitalidade ainda existentes no corpo morto, impedindo que entidades inescrupulosas se apropriassem deles.

Depois de bom aconselhamento, a mãe se despediu do filho recém-liberto, prometendo visitá-lo assim que fosse possível. A equipe e Dimas empreenderam a viagem de volta à Casa de Fabiano.

Mesmo cercado de amigos, Dimas apresentava lamentável abatimento. Apesar da fé que o aquecia, as saudades do lar traziam-lhe angústia. Nos momentos em que se achava deprimido, os sintomas da moléstia, que o vitimara, retornavam dolorosos. Fora um excelente trabalhador no sentido de semear as verdades espirituais, mas não tivera aproveitamento integral das lições recebidas. No campo particular, excedera em carinho à família, mas descuidara-se no esclarecimento que, certamente, viria libertar esposa e filhos da incompreensão. Os lamentos dos familiares, sem preparo, atingiam o convalescente. Ele precisava exercitar o desapego construtivo, gastando alguns dias para edificar a resistência ao assédio dos familiares.

FÁBIO

Numa singela residência, em afastado bairro do Rio de Janeiro, um cavalheiro de idade madura apresentava os terríveis sinais de tuberculose adiantada. Era Fábio. Dialogava com seus dois filhos pequenos, preparando-os para sua inevitável partida para a pátria espiritual. Enchia-os de ânimo e coragem com palavras ternas e esclarecedoras. Sentia imenso desejo de afagar as crianças, mas se continha com medo de contaminá-las. Apesar do abatimento, natural em seu estado, revelava-se tranqüilo e confiante, ensinando inesquecíveis lições de fé e valor moral.

Fábio não era médium, na concepção vulgar do termo, mas prestara relevantes serviços na doação de energias reparadoras aos mais necessitados. Dedicara-se também ao estudo das questões transcendentes da alma, despendendo grande esforço próprio na tentativa de ser útil.

Desde que se casara, Fábio instituíra o culto do Evangelho no lar e por isso sentia-se, naquela residência pequena e humilde, a paz, o silêncio, a harmonia e o bem-estar. Havia ali três amigos espirituais, sendo um deles Agenor Silveira, o pai de Fábio, que viera acompanhá-lo nas últimas horas do corpo material.

Agenor Silveira teceu alguns comentários a respeito da vida do filho. Contou que nascera franzino e doente. Aos doze anos, fora atacado por uma pneumonia dupla, que o levou à beira da morte. Como a família era muito pobre, Fábio concluiu o estudo das letras primárias e teve que procurar o ganha-pão. Embora não lhe faltassem os pendores para o desenho e a literatura, teve que se segregar numa oficina mecânica, ambiente pesado para a sua constituição física, o que facilitou a proliferação dos bacilos da doença. Mas a frustração vocacional e o aparecimento daquela enfermidade tinham uma razão de ser. Numa vida

Pessoas de André

anterior, pai e filho haviam sido destacados fazendeiros fluminenses. Na época, contavam com muitos escravos. Tinham perdido muitos trabalhadores negros por causa dos ares viciados da senzala. Seria possível fazer modificações e arejar o ambiente, mas Fábio era muito rígido no trato com os africanos. Por essa razão, conservou o imóvel inalterado, preferindo a severidade rigorosa de sua opinião pessoal.

Anoitecia. Era preciso preparar o ambiente para o desenlace do nosso amigo. A Espiritualidade ministrou-lhe passes magnéticos, que impeliram as substâncias nocivas à flor da pele. Logo depois, o doente pediu para tomar um banho. As toxinas liberadas foram absorvidas pela água. Higienizado, Fábio sentiu novo ânimo e convidou a companheira para uma oração em família. Inspirado pelos amigos espirituais, pediu que todos tivessem a compreensão necessária no momento da separação temporária e incentivou-os na fé e na confiança, no trabalho e na execução dos deveres. Fatigou-se. Pediu permissão à esposa para beijar os filhinhos em sinal de despedida. Estendendo alvo lenço à cabeça das crianças, beijou o linho. De sua boca saiu um jato de luz que atingiu a mente dos pequenos. Logo depois a família se recolheu ao repouso.

Novos passes anestesiantes foram ministrados. Fábio sentia deliciosa sensação de repouso. Com complicada operação magnética sobre os órgãos vitais de respiração houve a ruptura de um vaso sangüíneo. O paciente tossiu, e o sangue fluiu-lhe na boca aos borbotões. O médico, chamado às pressas, não tardou. Mas não pôde conter a hemorragia. Chegara a hora da desencarnação. Não foi preciso tanta espera para o desligamento total do corpo físico do perispiritual como fora o caso de Dimas. Uma hora depois, o cordão luminoso que ligava cérebro a cérebro foi cortado. Estava livre.

Internado na Casa de Fabiano, Fábio recobrava as

forças rapidamente. Podia levantar-se à vontade, transitar nos diversos setores da instituição. Outros horizontes se abriam ao seu Espírito sensível e bondoso. Por seu merecimento, os amigos trouxeram a esposa para visita ligeira. A companheira, que comungava os mesmos ideais do marido, contou-lhe que procurava suprir a sua ausência, com a presença de Jesus à mesa. Que havia encontrado um emprego que, certamente, supriria as necessidades dos filhinhos. Fábio, por sua vez, informou-a que conseguira ingresso em colônia de trabalho santificador. Ia confiante preparar-lhes lugar para o futuro, quando pudessem se reunir novamente.

Todos estavam comovidos. Zenóbia, administradora da instituição, ofereceu à corajosa viúva uma grande camélia dourada. Assim, ao despertar, a mulher de Fábio sentiu uma estranha sensação de felicidade. Parecia segurar delicada flor entre os dedos...

ALBINA

Num confortável apartamento, em elegante bairro do Rio de Janeiro, uma respeitável senhora, de idade avançada, apresentava evidentes sinais de moléstia do coração. Era a irmã Albina. Durante toda a sua vida, fora fiel colaboradora na evangelização de crianças e jovens no círculo de fé da Igreja Presbiteriana. Por esse motivo, adquirira méritos e muitos amigos nos dois planos de vida.

A dificuldade respiratória dera trégua, e a doente resolveu aproveitar para fazer uma leitura da Bíblia. Recostada nos travesseiros, leu a narrativa de João Evangelista referente à ressurreição de Lázaro. Confortada pela certeza da continuidade da vida após a morte, recebeu cooperação magnética, por parte da Espiritualidade, visando

Pessoas de André

alcançar maior conforto físico. Albina era portadora de um aneurisma, que resultara em grave insuficiência cardíaca, o que, em breve, finalizaria sua vida terrena. Assim que descansou pelo sono, foi levada, em Espírito, à Casa Transitória, onde deveria permanecer após a desencarnação. Maravilhada com as novidades daquele lugar, lembrava cenas bíblicas, em interpretações literais dos textos sagrados. Era preciso habituá-la, no entanto, à nova perspectiva de vida.

Não obstante a precariedade de seu estado físico, Albina foi autorizada a permanecer na crosta planetária por mais um tempo. As ordens superiores quanto à sua permanência alteravam o programa da missão. Em vez do auxílio à desencarnação da velha educadora, deveriam propiciar ao organismo debilitado todos os recursos magnéticos ao alcance. Certo é que a desencarnação não poderia ser adiada por muito tempo, devido ao desgaste orgânico de que era portadora, mas deveria permanecer na carne até a resolução de certos problemas.

André Luiz ficou muito curioso. Queria saber por que fora modificada a decisão de libertá-la dos laços materiais. Quem tinha suficiente poder a ponto de influenciar nessas decisões, impondo-lhes um novo roteiro? Mas não havia tempo para especulações. A hora exigia ação rápida. Não só o coração e as artérias apresentavam sintomas graves, também o fígado, os rins, o aparelho gastrintestinal.

Catorze jovens chegaram para o culto doméstico do Evangelho. Assim que iniciaram as orações, o ambiente, saturado por eflúvios salutares, passou a oferecer condições favoráveis à terapia espiritual. Local apropriado e médico experiente em sua esfera de ação, Jerônimo aplicou passes magnéticos onde se localizava o aneurisma, melhorando o sistema de condução do estímulo cardíaco e assegurando melhor resistência do órgão. Após a complexa operação magnética, o coração da doente passou a funcionar com diferente equilíbrio.

Sentindo grande alívio, a doente fez dois pedidos. Aceitava um caldo quente e queria ver o neto adotivo. Não demorou muito e um cavalheiro deu entrada, conduzindo um menino miúdo, de oito anos mais ou menos. Chamava-se João. Por trás daquela aparência frágil, existia um abnegado servo de Jesus, reencarnado em missão do Evangelho. Trazia muitos créditos da retaguarda. Apesar da condição infantil, João recebeu conhecimento da morte próxima da avó. Compreendeu, então, que esse fato repercutiria negativamente no organismo de Lóide, uma das filhas de Albina, que estava grávida. A dor moral poderia conduzi-la ao aborto espontâneo, impossibilitando a vinda de uma companheira muito querida, que também tinha missão na área de educação evangélica. Por esse motivo, João rogou à Espiritualidade maior uma reduzida dilatação de prazo para desencarnação de Albina. Uma alma lúcida, mesmo encarnada em idade infantil, pode socorrer-se de valores intercessórios e de seus créditos morais para obter benefícios de profunda significação no futuro. Foi o que Joãozinho fez. E conseguiu a permanência daquela criatura amada, aqui na Terra, por mais alguns meses.

CAVALCANTE

Numa grande enfermaria de amparo gratuito, a equipe socorrista encontrou Cavalcante, um virtuoso católico-romano, Espírito abnegado e valoroso nos serviços do bem ao próximo. Com mais de sessenta anos, fora abandonado pelos parentes, em virtude de suas idéias de renúncia às riquezas materiais. Aguardava ali, junto aos outros indigentes, uma intervenção no duodeno. Sua desencarnação estava prevista,

Pessoas de André 73

e a equipe ali estava para socorrê-lo e ampará-lo no decorrer do processo. Apesar das elevadas qualidades morais, ele não possuía suficiente educação religiosa para se tornar receptivo ao tratamento espiritual. Também lhe faltava o preparo para libertar-se do jugo da carne.

Cavalcante passou por intervenção cirúrgica tardia e seu estado agravou-se. A infecção generalizara-se. O intestino inspirava repugnância e compaixão. De quando em quando, abriam-se as veias mais frágeis, provocando abundante hemorragia. O pâncreas estava incapacitado para o trabalho. O estômago não aceitava nenhuma alimentação, ao ingerir água simples, o paciente era acometido por reiterados acessos de vômito. Entretanto, aquele agonizante teimava em viver de qualquer modo no corpo físico, exercendo um vigoroso poder da mente no domínio possível dos órgãos e centros vitais em plena decadência.

Quatro dias de agonia, e a Espiritualidade deliberou que fossem desatados os laços que o retinham ao corpo físico. O paciente foi intuído quanto à proximidade da morte. Mandou chamar o capelão para confessar-se. O padre tentava desincumbir-se da tarefa o mais rápido possível, por causa do desagradável mau cheiro que exalava o doente. Mas este fazia tudo para reter o interlocutor. Inicialmente, confessou o seu medo de morrer. Depois, implorou a presença da mulher, que o abandonara havia onze anos. Afirmava que só assim morreria em paz. Que refletira sobre os fatos passados e que talvez a mulher tivesse agido erradamente por culpa dele. Não era ele que se dedicava tanto aos outros a ponto de ser apelidado "padre sem batina"? Talvez tivesse descuidado da própria casa no afã de auxiliar os de fora... Agarrou-se, então, à necessidade de reconciliação conjugal antes da partida.

Logo depois que o padre deixou o moribundo, encontrou o médico no corredor. Comentaram a gigante reação do paciente que apodrecia em vida. O médico informou que vinha pensando na possibilidade de eutanásia, que foi aceita pelo padre como um ato de caridade. Perante os acontecimentos, a equipe espiritual não tardou a agir. Foram aplicados recursos magnéticos para propiciar, ao agonizante, o sono preparatório e poupá-lo dos temores do socorro direto. Mas o paciente reagiu. Temia dormir e não mais despertar. Insistia na necessidade de se entender com a ex-companheira. Poderiam ser ministrados recursos extremos, mas a Espiritualidade se absteve. Resolveram trazer a consorte, que estava desencarnada havia mais de um ano, vitimada pela sífilis.

Não passou muito tempo e a ex-consorte foi convocada à cena. Assemelhava-se a uma sombra espectral que se arrastava. Cavalcante ficou feliz ao vê-la, confessou-se culpado e pediu-lhe perdão. A infeliz sofredora respondeu-lhe que nada tinha a perdoar, que o tempo e a dor ensinaram-lhe a verdade. Que ele sempre fora um fiel amigo e dedicado marido. O moribundo apresentava expressão fisionômica de grande alegria. Foi quando o médico se avizinhou de seu leito para a inspeção noturna. O doente não continha a felicidade e informou-o da presença da ex-esposa ali. O médico contemplou-o compadecido e interpretou aquilo como o delírio que precede o fim. Resolveu, então, que o paciente seria "aliviado".

A equipe mobilizou-se no preparo do desenlace. Mas o enfermo reagia e gritava: "Não posso morrer! Tenho medo! Tenho medo!" Lutava desesperadamente contra o auxílio, adiando o desfecho. Não foi possível impedir: sem qualquer conhecimento das dificuldades espirituais, o médico aplicou-lhe a chamada injeção compassiva, ante o gesto de profunda desaprovação dos trabalhadores espirituais ali presentes.

Cavalcante, para o espectador comum, estava morto. Porém, a personalidade estava presa ao corpo inerte, em

Pessoas de André 75

plena inconsciência e incapaz de qualquer reação. A carga fulminante da medicação não atuara somente no sistema nervoso, mas também nos centros do organismo perispiritual. Ficara, ali, colado a trilhões de células, sem resposta alguma, completamente rígido, vítima de estranho torpor. O serviço de desligamento do corpo espiritual do corpo físico só pôde ser iniciado vinte horas após, num trabalho complicado e laborioso. Além disso, o desencarnante apresentou condições desanimadoras. Mostrou-se apático, sonolento e desmemoriado, necessitando de maiores cuidados na Casa de Fabiano.

ADELAIDE

A equipe de André adentrou o simples e confortável edifício, onde se asilavam numerosas criancinhas. Tratava-se de uma instituição espiritista-cristã, cuja administradora era uma venerável senhora chamada Adelaide. Logo, na recepção, encontraram o dedicado irmão dos que sofrem: Bezerra de Menezes. Conversaram ligeiramente sobre a desencarnação de Adelaide e o doutor Bezerra afirmou que ela estava preparada para essa hora. Forjada nas ásperas lutas da vida, no serviço em benefício aos enfermos, no amparo aos órfãos e no ministério mediúnico, adquirira inestimáveis valores espirituais, que a sustentariam na hora extrema.

A enferma repousava numa câmara solitária. Não havia encarnados ali. Duas jovens desencarnadas, cercadas de luz, velavam-na. Pressentindo a presença de amigos espirituais, a anciã entrou em prece. De sua mente equilibrada, emanavam raios brilhantes. Não enxergou os componentes da equipe, com exceção do devotado Bezerra de Menezes, a quem se unia por laços de afinidade. Travaram, então, um suave diálogo. Ele afirmava o término de uma grande batalha, onde o dever estava cumprido. Ela porém oscilava temerosa quanto ao destino da instituição e de algumas pessoas com quem tecera laços afetivos. Bezerra concitava-a à coragem e à fé, aconselhando-a a colocar tudo nas mãos do divino Mestre, que certamente providenciaria as modificações oportunas e necessárias. A conversa seguia amena, porém a presença de visitas veio interrompê-los.

Dias depois, Adelaide já apresentava avançado enfraquecimento do corpo. Isso, de certo modo, facilitava-lhe o trânsito pelo mundo extrafísico. Ao menor sinal da presença dos amigos espirituais, desdobrava-se e, lúcida, passava a conversar sadiamente. A doente desejava facilitar o serviço de seus benfeitores e, por isso, queria conservar a boa forma espiritual no supremo instante do corpo. O doutor Bezerra afirmava que morrer é muito mais fácil que nascer, pois, para organizar, geralmente, são necessários infinitos cuidados; para desorganizar, no entanto, por vezes basta leve empurrão. Aconselhou-a a libertar a mente dos elos que a imantavam a pessoas, acontecimentos e coisas da vida terrena.

No íntimo, Adelaide estava preparada para a partida. Mas havia um empecilho: seu quarto de dormir, na casa terrena, semelhava-se a uma redoma de pensamentos retentivos, que lhe interceptavam a saída. Estes eram emanados pelos que a amavam e que a consideravam uma escora espiritual. Insistentes pensamentos sobre a sua recuperação e permanência na Crosta bombardeavam o local, prejudicando a sua liberação. O corpo físico já não apresentava condições de funcionamento. A situação criava um impasse.

A irmã Zenóbia, nobre administradora da Casa Transitória de Fabiano, resolveu reunir, durante o sono, todos os companheiros que colaboravam na instituição dirigida por Adelaide. Os recém-chegados traziam a mente polarizada na prece, em favor da benfeitora doente. Alimentavam uma veneração afetiva. Adelaide, muito abatida, também estava presente. Após comovente prece, Zenóbia explicou-lhes o motivo da reunião. Desejava fazer-lhes um apelo. Explicou que Adelaide precisava de livre passagem para a Espiritualidade superior. Que não devia ser retida por pensamentos angustiosos, nem ser alvo de idolatria. Era necessário que cada um pudesse enfrentar, por si mesmo, as dores e os riscos, as adversidades e os testemunhos inerentes à iluminação do caminho para a vida eterna. A palestra surtiu o efeito desejado e todos se recolheram, ao leito, com os sentimentos mais equilibrados.

Adelaide acordou. Retornava à matéria com redobradas energias espirituais. Isso resultou numa reação dolorosa do depauperado corpo físico. No ambiente, já não havia vestígios de correntes mentais de retenção, que antes lhe davam certa resistência ao corpo. Era chegada a hora. Adelaide pediu, aos amigos espirituais, que lhe permitissem a tentativa de rompimento espontâneo dos laços mais fortes que a ligavam ao corpo físico. Queria exercer o esforço pessoal. A equipe consentiu, pois o serviço preliminar do desenlace pode ser levado a efeito pelo interessado, desde que este tenha adquirido, durante experiência terrestre, o preciso treinamento com vida espiritual mais elevada. A desencarnante consumiu algumas horas no trabalho persistente e complexo. Coube à Espiritualidade amiga o ato conclusivo da liberação, no desatar o apêndice prateado.

A agonizante estava livre. Abriu-se a casa à visitação geral. Os seus amigos apresentavam atitudes de respeito, serenidade e conformação. Adelaide continuava presente e esperou a inumação dos seus despojos. Orou sobre o corpo que lhe fora precioso instrumento nos abençoados anos de sua permanência na Terra. E cercada de numerosos amigos espirituais, partiu a caminho da Casa Transitória de Fabiano. Ali, pouco permaneceria. Logo empreenderia viagem aos mais elevados planos espirituais.

No Mundo Maior

PEDRO E CAMILO

Pedro e Camilo trabalhavam juntos num comércio de quinquilharias. Ali, Pedro desempenhava as funções de empregado desde a infância. Chegando à maioridade, exigiu do patrão o pagamento por vários anos de serviço. O patrão, por sua vez, negou-lhe o pedido, alegando tê-lo sustentado durante a infância e adolescência como se fosse seu próprio filho. Afirmou que lhe daria uma posição vantajosa no campo dos negócios, mas nada lhe pagaria referente ao passado. Criou-se, então, um impasse entre ambos: discussão e acesso de cólera. O rapaz não pôde dominar sua fúria e assassinou aquele que o havia criado. Antes, porém, de fugir do local, o criminoso retirou do cofre uma vultosa importância, que supunha ter direito, conservando considerável soma, que proveria as necessidades da família do morto e despistaria a polícia de imediato.

Na manhã seguinte, o próprio Pedro voltou à casa comercial e deu alarme sobre o homicídio. Portou-se de maneira tão correta, tanto com os negócios quanto com os haveres dos herdeiros, que ninguém jamais supôs que ele fosse o assassino. Pranteou o acontecido como se o desencarnado fosse seu verdadeiro pai. Depois de um longo tempo, quando as coisas estavam amainadas, retirou-se para um grande centro industrial, onde aplicou seus recursos econômicos em atividades lucrativas. Conseguira enganar os homens, mas não podia iludir a si mesmo. A entidade desencarnada, concentrada em idéia de vingança, passou a persegui-lo. Agarrou-se-lhe à organização psíquica, arrastando-o a cruéis depressões nervosas e a estranhos pesadelos. Pedro dedicou-se por completo aos empreendimentos materiais, ansiando o esquecimento de si mesmo. Ficava cada vez mais rico e atormentado. Aflito por sossegar o próprio íntimo, resolveu se casar. Desposou uma jovem de alma muito mais elevada que a sua, e esta lhe deu cinco adoráveis filhinhos. A presença da esposa, de certo modo, tornava-o mais equilibrado. Mas as forças tenebrosas acumuladas, desde o dia do assassinato, provocaram-lhe o desequilíbrio da organização perispiritual, implantando o caos orgânico.

O processo obsessivo chegara a uma situação crítica. O encarnado, em razão do remorso, arruinara os centros motores, desorganizando o sistema endócrino e os órgãos vitais. O desencarnado converteu todas as suas energias para alimentar a idéia de vingança, remoendo o ódio, propositalmente foragido da razão e dos bons sentimentos. O envolvimento de ambos era tamanho, que a desvinculação se fazia quase impossível. Uma só coisa seria capaz de resgatá-los: o amor. Não o amor comum que conhecemos e sentimos, mas o amor sublimado que aperfeiçoa e transforma. Para conseguir que a situação tivesse um desfecho feliz, foi necessária a participação da irmã Cipriana.

Cipriana era sublime mulher que revelava idade madura. Seus olhos esplendiam um brilho meigo e enternecedor. Sua simples presença causava comoção e respeito. Aproximou-se e postou-se em atitude de oração. A prece, em que por alguns minutos se concentrou, saturava-se de sublime poder, envolvendo-a e transfigurando-a. Rodeava-a um halo de luz refulgente. Estendeu as mãos

Pessoas de André

para os dois desventurados, atingindo-os com o seu amoroso magnetismo, cujo poder lhes modificava o campo vibratório. Ambos entreolharam-se espantados, registrando forte abalo. Julgavam serem visitados pela excelsa mãe de Jesus.

O doente ajoelhou-se em pranto e deu vazão aos seus sentimentos. Sentia-se indigno e miserável, confessando o seu crime hediondo. Havia uma sinceridade imensa em suas palavras. Cipriana afagou-lhe o rosto e repreendeu-o com energia. Falou-lhe sobre a necessidade de regeneração, aconselhando-o a reconsiderar suas atitudes e assumir novo compromisso perante a Divina Justiça. Esperançoso, Pedro caminhou para os braços daquela que se fazia sua mãe espiritual. Parecia um menino. Aconchegado àquele coração amoroso desfrutou de imenso alívio e hauriu novas forças para se renovar.

Em seguida, a emissária avançou para o perseguidor, sustentando Pedro nos braços, como se fosse um filho doente. Interpelou-o, mas Camilo permanecia inflexível. Extrema palidez lhe cobria a face, onde se adivinhava incompreensível frieza. A irmã insistia, fazendo-o vacilar. Então, como último recurso, convidou-os a visitar o lar de Pedro.

Em breves instantes adentraram confortável residência. Uma senhora tricotava junto aos dois filhos pequeninos. Um dos pequenos expressou o desejo de que os outros irmãos estivessem em casa para orar, juntos, pelo pai adoentado. A dona da casa disfarçou a tristeza e foi chorar num quarto, à distância. A cena era comovente.

Cipriana aproveitou-se do momento para sensibilizar o coração de Camilo. Mostrou-lhe a família de Pedro, abalada pela possibilidade de perder o pai. Informou-lhe que, apesar do ato infame, o adversário realizara muitos serviços com boas intenções dentro daquele lar. Ao mesmo tempo em que ele, Camilo, não abrigara senão propósitos de extermínio nos últimos vinte anos. Estimulou-o à renovação. Falou tão docemente, havia tanto carinho naquelas ternas e sábias considerações, que o perseguidor, antes frio e impassível, prorrompeu em pranto. Os soluços explodiam-lhe da alma torturada. Depois do desabafo, Cipriana recolheu-o nos braços, conservando os dois contendores aconchegados ao peito, como se lhes fosse a verdadeira mãe.

Após alguns minutos, Camilo ajoelhou-se e abriu seu coração: desejava libertar-se das paixões que o aprisionavam, partir, esquecer, encetar vida nova, recomeçar e trabalhar a sua regeneração.

Cipriana confiou o doente encarnado a André Luiz e ao instrutor Calderaro. Pediu-lhes que o restituíssem ao hospital, onde seu corpo denso descansava. Enlaçou o ex-perseguidor, aconchegando-o ao coração. Levá-lo-ia consigo, iria localizá-lo em terreno de atividade restauradora, partindo para o plano espiritual.

Pedro foi transportado ao leito. Despertou, logo em seguida, a sorrir. Sentia-se melhorado, quase feliz. Já não sentia dores no peito, nem tormentos no pensamento. Lembrava-se da experiência que tivera durante o sono. Pensava que fora visitado por Maria, mãe de Jesus, e que esta lhe estendera as mãos cheias de luz.

Findara-se aquela cena dolorosa onde Camilo e Pedro, entrelaçados no crime e no resgate, permaneciam cegos no sofrimento e na ignorância. Isso somente fora possível porque Cipriana, tolerante e maternal, ensinara-lhes o poder do perdão e os corrigira através do amor.

CÂNDIDA E JULIETA

Cândida estava seriamente enferma e deixaria a Terra em breves dias. Notava-se a extinção do tônus vital em

Pessoas de André

sua fisionomia. Prendia-se, ainda, através de fios frágeis ao corpo material. Uma doce luz nimbava sua fronte, o que demonstrava a grandeza de sua alma. Uma só preocupação a incomodava naquele momento: sabia que iria morrer e temia o destino de sua filha Julieta. Usando todas as forças que lhe restavam, aconselhava a filha, alertando-a quanto aos perigos do mundo.

Julieta ficaria só. Após a morte do marido, Cândida enfrentara viuvez difícil. Tinha três filhos para criar. Seus dois filhos, assim que suficientemente crescidos, cansaram-se da pobreza, indo buscar centros distantes, onde podiam atender a impulsos menos edificantes da mocidade. A viúva iniciou Julieta na arte de costurar, a qual se transformou, de pronto, em excelente profissional. Não demorou muito para que, abatida pelos anos de provação, apresentasse sinais de enfermidade. Sofreu diversas intervenções no campo orgânico, sem bons resultados. Sua internação, no hospital, já se alongava por dez meses.

Junto da mãe, a jovem, de rosto pálido e corpo alquebrado, escutava-lhe os conselhos. Acariciava os cabelos grisalhos e chorava em silêncio. De vez em quando, respondia às inquirições da mãe sempre procurando amenizar a situação. A enferma lamentava as enormes despesas decorrentes de seu tratamento de saúde. A filha pedia que não se afligisse. Informou que tomara um pequeno empréstimo e que, em alguns meses, tudo voltaria ao ritmo normal.

A realidade, porém, era outra. Julieta lutou o quanto pôde para suprir as despesas, entregando-se ao trabalho. Mas os gastos aumentavam cada vez mais, e o que ganhava passou a ser insuficiente. Incapaz de satisfazer as exigências financeiras, a moça procurou os parentes, apelou para os amigos. Enfrentou a indiferença de todos. Louca de angústia, bateu a todas as portas, e as portas permaneceram fechadas.

Esgotadas as possibilidades, Julieta aceitou o convite para trabalhar em uma casa noturna. Cantaria e dançaria a fim de melhorar a receita.

Na casa noturna, Julieta passou a ser assediada constantemente. Resistiu o quanto pôde, mas acabou conhecendo Paulino. Atraída pelas propostas desse homem, aceitou sua proteção. Abandonou de vez a máquina de costura, indo morar naquele centro de diversões. Julieta ocultava a realidade aos olhos maternais. Vestia-se com simplicidade para a visita diária, e, quando se fez acompanhar de Paulino, apresentou-o, à mãe, na qualidade de simples amigo.

A moça, no entanto, sentia-se extenuada e doente. Recordava-se dos conselhos maternos e experimentava atrozes perturbações conscienciais. Os prazeres fáceis e o dinheiro em abundância só lhe aumentavam o desalento. Sua mente se debatia entre as exigências do mundo material e os valores espirituais que aprendera desde a infância.

Logo que saiu do hospital, Julieta entregou-se a um pranto convulsivo. Torturantes pensamentos se entrechocavam no cérebro enfermo. Vibrações pesadas, de cor muito escura, desciam-lhe da fronte e se fixavam no aparelho respiratório. O material oriundo da mente perturbada estabelecia outros distúrbios orgânicos. Isto acontecia por causa do conflito entre a distinta educação, haurida no convívio materno, e a incompatibilidade com o ambiente onde passara a viver. O desajuste dos órgãos vitais era tão grave, que a situava entre a loucura e a morte.

A Espiritualidade se dispôs a ajudar, levando em consideração o merecimento e os rogos da mãe agonizante. A lacrimosa menina recebeu auxílio magnético, mas o tratamento não foi integral. Era necessário que permanecesse adoentada para ausentar-se das noitadas que costumava praticar. Depois de algumas horas, valendo-se do

Pessoas de André

desprendimento parcial pelo sono, Julieta e Paulino foram levados ao aposento, onde Cândida repousava.

Cipriana, Espírito que atingira o poder divino do amor, carregava Cândida nos braços. O casal prostrou-se diante da benemérita instrutora e esta falou em particular com Paulino. Evocou nele os sentimentos profundos e expôs a situação da pobre moça envilecida pela necessidade, sacudiu-lhe a consciência adormecida pelas facilidades humanas, enfim, mostrou-lhe que seria honesto e justo o ato de legitimar aquela relação, resgatando a dignidade de sua companheira. A vida não colocara aquela jovem, em seu caminho, por acaso. Era preciso, pois, assumir a responsabilidade santificante.

Paulino sentiu-se tocado nas fibras do ser. Chorava de emoção. Daria uma vida reta e digna para Julieta, na qualidade de sua esposa.

Logo depois, Cândida foi depositada em seu invólucro físico. Iniciara-se o processo desencarnatório. Mediante a piora de seu estado de saúde, Julieta foi chamada. Paulino a acompanhou. Reunindo todas as energias e auxiliada por Cipriana, a agonizante comentou a angústia que lhe vergastava o Espírito. Receava deixar a filha inexperiente no mundo, à mercê das tentações. Paulino não a deixou terminar. Informou-a que amanhecera com um propósito irremovível: ele e Julieta casar-se-iam dentro de breves dias. A anciã juntou as mãos dos noivos, beijando-as. Foi seu último movimento no corpo exausto. Podia partir em paz, fechando as pálpebras do corpo e abrindo os olhos espirituais para contemplar a Eternidade.

MARCELO E O DOENTINHO

André Luiz e Calderaro precisavam socorrer uma mãe, que abeirava a loucura. A convivência diária com a horrível estrutura orgânica de seu filho, a ela encadeado há muitos séculos, estava abalando a razão da pobrezinha. O instrutor vinha realizando o passe reconfortante há semanas, valendo-se do horário em que a mulher fazia suas orações.

A criança era paralítica de nascença e contava com oito anos de idade. Mais se afeiçoava a um descendente de símios. Não falava, não andava, enxergava e ouvia muito mal, sua vida era quase nula na esfera humana, mas psiquicamente era sensível e vivia como um sentenciado a cumprir severa pena. O motivo de tamanha expiação provinha do abuso de poder, exercido sobre seus desafetos, numa insurreição civil havia dois séculos. Decretara a morte de muitos compatriotas, semeando ódio e ruínas. Sofreu horrivelmente nas zonas espirituais inferiores. Foi duramente perseguido. Os pensamentos de revolta e de vingança, emitidos por todos aqueles aos quais deliberadamente ofendera, vergastaram o seu corpo perispiritual, promovendo um destrambelho total de seus elementos, por mais de cem anos consecutivos.

Com o tempo, a malta foi rareando, até que se reduziu a dois últimos inimigos, que se encontravam em processo final de transformação. Esta seria a fase conclusiva de tão doloroso resgate para o nosso irmão invigilante. Ainda o acompanhavam, em tempo integral, duas entidades desencarnadas. De repente, uma delas tocou-lhe a testa. Extrema palidez e enorme angústia transpareceram-lhe na face. A entidade infeliz emitia, através das mãos, estrias negras de substância como o piche, as quais atingiam o cérebro do menino e infundiam-lhe impressões de pavor. A criança aflita passou às contorções, apresentando sintomas clássicos de idiotia.

Pessoas de André

A mãezinha, que ainda não completara trinta anos, adentrou o quarto. Contemplou, desalentada, o filhinho que chegava às contorções finais. Afagou a pequena fronte coberta de suor, depois o levantou e abraçou-o com o mais terno dos carinhos. Banhada de lágrimas, começou a orar. A jovem mulher pedia, aos Céus, um milagre que restituísse ao filhinho o equilíbrio necessário. Dizia-se cansada de percorrer gabinetes médicos e ouvir especialistas. O filhinho parecia inacessível a qualquer tratamento. Sentia-se frágil e extenuada.

Calderaro colocou as mãos na cabeça da pobre mãezinha e passou a irradiar-lhe tocantes apelos, como se fosse um pai que lhe falasse ao coração. Soprava-lhe palavras de ânimo e de consolação, que ela recebia em forma de idéias e sugestões superiores. Pouco a pouco a disposição íntima da jovem senhora tomou um renovado alento: Deus lhe daria forças para cumprir até o fim aquela tarefa. Seu amor cresceria, ainda mais, com os padecimentos do filhinho amado, pois entendia que a sua condição exigia maiores cuidados. Mostrava-se disposta a morrer por seu filho se preciso fosse. E num significante gesto de carinho, beijou a criança nos lábios como se fosse um anjo celestial. Numerosas centelhas de luz desprenderam-se do contato afetivo de ambos, indo alcançar as duas entidades inferiores, que se sentiram menos infelizes. Aquelas entidades também nasceriam naquele humilde lar. O Divino Mestre utilizou um corpo incurável e o amor de um coração materno, disposto ao maior dos sacrifícios, para restituir o equilíbrio a espíritos eternos, que precisavam se reerguer das ruínas do passado.

Já o caso de Marcelo não era tão grave como o do doentinho. No passado, exercera, também, enorme poder, que não soube usar no sentido construtivo. Senhor de grande inteligência e títulos honoríficos, impôs-se pelo absolutismo, entregando-se a caprichos criminosos. Inúmeras vítimas o esperaram além do sepulcro e se precipitaram sobre ele. Retiveram-no nas regiões inferiores por longo tempo, saciaram velhos propósitos de vingança e seviciaram sua organização perispiritual. Ainda que Marcelo rogasse, chorasse e se penitenciasse por longos anos, ainda que intercessões procurassem favorecê-lo, sua libertação demorou muitíssimo. Enquanto sua mente permaneceu fustigada pelo remorso, seus perseguidores não lhe deram tréguas. Mas o sofrimento clareou-lhe os horizontes internos e assim que ele se mostrou preparado, foi resgatado e orientado por um sábio Espírito.

Marcelo passou uma infância tranqüila, na presente encarnação. Aos quatorze anos, quando o perispírito estava plenamente adaptado ao corpo físico, começou a relembrar os fenômenos vividos, e surgiram as convulsões epilépticas. Não havia Espíritos obsessores junto a ele. Nascido em uma família espírita, habituado à oração e à prática do bem, soube mobilizar as armas da vontade em benefício próprio, sem precisar fazer uso de medicamentos hipnóticos.

Certa noite, o moço afastou-se do veículo denso e veio palestrar com os amigos que o assistiam. Mostrava-se lúcido, e a conversa ia ao meio quando dois vultos sombrios aproximaram-se. Marcelo empalideceu, levou a destra ao peito e arregalou os olhos desmesuradamente. Suas idéias se confundiram no cérebro perispiritual. Com a razão eclipsada, correu desabalado, retornando ao corpo físico. Imediatamente seu corpo passou a contorcer-se, vítima de uma forte convulsão. A simples reaproximação dos inimigos, de outra época, alterava suas condições mentais.

Calderaro explicou que o caso de Marcelo era um entre múltiplos aspectos do "fenômeno epileptóide". Tratava-se de um tipo de reflexo condicionado. O organismo perispiritual guardara a lembrança dos atritos experimentados fora do veículo denso. Ao se aproximar dos velhos desafetos, o rapaz, que ainda não consolidara o equilíbrio integral, sujeitava-se aos violentos choques psíquicos. Seu perispírito estava em fase de convalescença. Além disso, o jovem colaborava e muito com a sua própria recuperação. Cultivava o otimismo, traçava planos e expressava desejo ardente de trabalhar pela difusão do Espiritismo evangélico, dando continuidade à obra que os genitores vinham edificando. A cura viria com o tempo.

CECÍLIA

Uma mãe, demonstrando profundo desespero, procurou Calderaro na esperança de que ele pudesse intervir em benefício de sua desventurada filha. Segundo a aflita senhora, a moça enlouquecera de vez e encontrava-se à beira de extremo desastre.

O instrutor colocou André a par da situação. Contou-lhe que a irmã, que ali estivera momentos antes, deixara uma filha na Crosta planetária, havia oito anos. Criada com mimos excessivos, a jovem não fora educada adequadamente. Nunca soubera a importância do trabalho e da responsabilidade. A família era abastada e pertencia a nobre classe social. Cecília, a mocinha, assim que se achou sem a assistência materna, precipitou-se, aos vinte anos, nos desvarios da vida mundana. Era, porém, seguida, de perto, por entidade que lhe fora cúmplice de faltas graves, a quem se vinculara por tremendos laços de ódio. Foi assim que, abusando da liberdade, engravidou. Adquiriu deveres da maternidade para com aquela criatura, sem a proteção do casamento. Foi assim que, aos vinte e cinco anos, solteira, rica e prestigiada pelo nome de família, não queria assumir compromissos maternos, lutando por se desfazer do filhinho imaturo.

Calderaro e André dirigiram-se à residência de luxo

e penetraram aposento confortável e perfumado. Estirada no leito, jovem mulher se debatia em convulsões atrozes. Suas condições orgânicas eram deploráveis. O organismo se esforçava por trabalhar num contexto de grande perturbação gerada pelos próprios sentimentos transviados. Da mente alucinada desciam estiletes escuros que incidiam sobre a organização embrionária de quatro meses. Era um quadro horrível de se ver.

A mente do filhinho, em processo de reencarnação, suplicava piedade. Desejava viver, reajustar seu destino, resgatar suas dívidas. A jovem mãe, porém, fazia-se surda a esses apelos. Amaldiçoava-o e se mostrava decidida a pôr um termo à gestação.

A gestante procurara médicos, que se negaram a satisfazer o criminoso intento. Apelara, então, para drogas venenosas e, por essa e outras razões, achava-se acamada. Uma enfermeira fora contratada para realizar o aborto.

Cecília decidiu-se de vez, comunicando à profissional que a intervenção deveria se consumar naquela mesma noite. Liana, a enfermeira, ponderou que não era o momento propício, que algum repouso, quem sabe, poderia modificar os seus planos. Deu-lhe, então, um cálice de sedativo, atendendo à influência indireta da Espiritualidade.

Parcialmente desligada do corpo físico, Cecília recebeu fluidos magnéticos, que lhe permitiram ver a mãezinha desencarnada. A triste senhora avançou, abraçou-se a ela e pediu-lhe que reconsiderasse a atitude mental. Aconselhou-a a recomeçar, obedecendo à consciência. Estimulou-a a ter coragem e fé. Falou-lhe sobre a maternidade iluminada pelo amor e pelo sacrifício. Convidou-a a enfrentar a nova situação, desviando-se das trevas do erro deliberado e aceitando o ministério da maternidade, ainda que isso traduzisse renúncia e dor.

Cecília recebeu os apelos maternais com indiferença.

Pessoas de André

E, num ímpeto de agressividade, culpou a mãe por lhe ter satisfeito todos os desejos, o que só que lhe favorecera o ócio, e por não prepará-la devidamente. Afirmou que não estava disposta a se humilhar, a procurar trabalho remunerado, a enfrentar a vergonha e a miséria.

A respeitável senhora chorou mais amargamente e pediu perdão pelo mal que fizera por excesso de carinho. Disse reconhecer a sua participação indireta naquele infortúnio. Lamentou a sua imprevidência. Mas continuou a aconselhá-la. Pediu que não complicasse, ainda mais, o destino. Que não permitisse que a crueldade lhe invadisse o coração. Que retornasse à razão, restaurando a coragem e o otimismo, pois ainda era tempo.

Mas a moça fez supremo esforço para retornar ao corpo físico. Acordou pronunciando palavras duras e ingratas. Chamou a enfermeira e lhe contou que tivera um pesadelo horrível. Que sonhara com a falecida mãe, que lhe pedia paciência e caridade. Que não podia vivenciar mais aquela situação. Exigia que a intervenção se iniciasse imediatamente. A enfermeira a advertiu sobre seu estado de fraqueza, mas Cecília ficou irredutível. A operação começou perante a desolada genitora desencarnada.

O embrião reagia ao ser violentado, agarrando-se desesperadamente às paredes placentárias. Sua mente despertava à medida que aumentava o esforço da extração. Depois de longo trabalho, o entezinho foi retirado afinal. Mas a entidade reencarnante continuava aderida ao campo celular que a expulsava. Semidesperta, num amargo pesadelo de sofrimento, revelava extremo desespero, gritava aflitivamente, expelindo vibrações mortíferas e frases desconexas.

Um duelo mental travou-se entre ambos. A mãe expunha o seu ódio, chamava-o de intruso, que viera lançá-la à vergonha. O filho pronunciava seu desejo de vingança.

Acusava-a de fechar-lhe as portas à oportunidade redentora, condenando-o à morte. Raios mentais destruidores cruzavam-se, em horrendo quadro, de Espírito a Espírito. Tal situação agravou o estado de saúde da ex-gestante. O fluxo hemorrágico assumiu proporção imprevista, obrigando a enfermeira a pedir socorros imediatos, logo após eliminar os vestígios do ato que praticara. Cecília desencarnaria dentro de poucas horas. Um fato pavoroso que todos os dias se repete na esfera carnal. Consumava-se, para ambos, doloroso processo de obsessão recíproca, de amargas conseqüências no espaço e no tempo, e cuja extensão não se poderia prever.

FABRÍCIO

Um cavalheiro repousava em elegante aposento. Estirado em um divã, permanecia mergulhado em si mesmo. Não se dava conta do que acontecia no ambiente externo, porém, interiormente, seus pensamentos fervilhavam cheios de angústia e aflição. Segundo o parecer de parente desencarnada, que velava pelo enfermo, a Divina Misericórdia nunca faltara. Fabrício enveredara francamente pelo terreno da alienação mental, só não chegara ao desequilíbrio integral graças à ação benéfica da Espiritualidade.

Para a Ciência da Terra, o paciente sofria de neurastenia cérebro-cardíaca. Verificavam-se anomalias no cérebro, distúrbios da circulação, do movimento e dos sentidos. Mas isso representava somente uma série de sintomas. Para os Espíritos que cuidavam do caso, as causas eram mais profundas. Tratava-se de esquizofrenia, uma doença originária de perturbações perispirituais, que se manifestam no corpo físico na forma de moléstias variadas.

O doente apresentava imagens torturantes na tela da

Pessoas de André 93

memória. A imaginação, superexcitada, detinha-se a ouvir o passado. Recordava-se da figura de seu pai agonizante. Escutava-lhe as palavras, da última hora no corpo, que lhe entregavam a tutela dos três irmãos mais jovens. Mas ele se apropriara de todos os bens. Ao invés de cuidar dos irmãos, desamparou-os, permitindo que enfrentassem dificuldades de toda sorte. Dois deles morreram num sanatório, em leito para indigentes, minados pela tuberculose, e o outro desencarnou em míseras condições de infortúnio, antes dos trinta anos, vitimado pela subnutrição.

O mau filho, que fora também perverso irmão, conseguira viver bem enquanto o dinheiro era fácil, a saúde sólida; os divertimentos e os prazeres o ocupavam. Mas o tempo cansou-lhe o aparelho fisiológico, consumiu as ilusões e promoveu o encontro a si mesmo. Sua mente atormentada não achava refúgio consolador. Tentou corrigir as faltas cometidas, interessando-se pelo destino dos irmãos, mas era tarde demais. Todos haviam desencarnado.

Não obstante ter cometido tantos enganos, Fabrício esposara criatura digna que lhe deu três filhos — dois professores e um médico — dedicados ao ideal superior de servir ao bem coletivo. Pelo merecimento da família, recebeu o auxílio do Alto, no sentido de garantir-lhe uma boa morte e prepará-lo para futuro reajustamento. Desencarnaria, suavemente, dentro de poucos dias, vitimado pela trombose proveniente da calcificação de certas veias.

Após receber passes magnéticos, Fabrício logrou alguma melhora. Pediu a presença do neto, que se chamava Fabricinho. Adivinhava-se grande dose de carinho entre ambos. O menino era o ex-pai de Fabrício, que voltava ao convívio do filho delinqüente pelas portas da reencarnação. Como único herdeiro, mais tarde, Fabricinho assumiria os patrimônios materiais da família, bens que, inicialmente, lhe pertenciam. Quanto ao amigo enfermo, somente voltaria ao convívio familiar quando conseguisse elevar o padrão espiritual. No entanto, para isso acontecer, seria necessário que sofresse muito, para alijar os elementos malignos, que lhe intoxicavam a alma, até que o serviço de purgação estivesse completo.

ANTONINA

Antonina perdera o gosto pela vida e desejava morrer. Estava cansada de tanto sofrer. Órfã de pai, desde muito cedo, começou a trabalhar aos oito anos, para sustentar a genitora e a irmãzinha. Passou pela infância e a juventude vivenciando grandes sacrifícios. Aos vinte anos perdeu a mãe, porém ainda ficava uma irmã sob a sua tutela. Quis viver independente, ter vida própria, mas a irmãzinha casara-se com um indivíduo perdido nos prazeres inferiores. Este se entregava ao hábito da embriaguez, diariamente, voltando ao lar tarde da noite, distribuindo pancadas e gritando insultos. Sensibilizada, resolveu permanecer ao lado da irmã, amparando-a nas dificuldades e ajudando a criar os quatro pequenos sobrinhos.

Os anos se passaram, e Antonina conheceu certo rapaz, que se chamava Gustavo. Identificaram, entre si, as mesmas idéias e sentimentos. A moça desdobrou-se para ajudá-lo a se manter nos estudos. Sonhava construir seu futuro junto a ele. A jornada universitária durou sete anos e, assim que Gustavo se formou, sentiu-se demasiado importante para ligar o seu destino ao da modesta moça. Logo que recebeu o diploma de médico, sentiu a necessidade urgente de constituir um lar. Com grandioso programa na vida social, desposou uma jovem possuidora de grande fortuna, menosprezando o coração leal daquela que o ajudara nos instantes incertos.

Pessoas de André

A pobre moça sentiu o seu mundo desmoronar. Sentia-se desajustada, sem rumo, quase louca. Não havia mais esperança; colhera indiferença e ingratidão. Preferia morrer. Alimentando a triste idéia, conseguiu certa dose de substância mortífera, que pretendia ingerir ainda naquela noite. E ali, estirada no leito, a infeliz mergulhava o rosto nas mãos, soluçando sozinha. Inspirava piedade.

Logo depois de meia-noite, Calderaro, o assistente espiritual, veio auxiliá-la. Ministrou-lhe fluidos ao longo do sistema nervoso simpático. A moça experimentou o efeito anestesiante. Tentou gritar, levantar-se, mas não conseguiu. A intervenção fora demasiado rigorosa para que pudesse reagir. Envolvida em fluidos calmantes, a moça cedeu à irresistível dominação, mergulhando num sono profundo.

Uma simpática senhora desencarnada adentrou o quarto humilde. Era a mãe de Antonina que vinha acompanhada por um Espírito amigo. Este último parecia ter grande ascendência sobre a moça que, ao vê-lo, entrou em êxtase. O cavalheiro, usando do verbo amoroso, advertiu-a, aconselhou-a, estimulou-a, fê-la entender que, na presente encarnação, era necessário que ela convivesse com as vantagens encontradas na solidão. Explicou-lhe que, por vezes, somos privados de sensações que ansiamos, a fim de buscarmos patrimônios mais altos do ser. Que precisamos sair do estreito limite do personalismo para entrarmos no extenso continente do amor sem fronteiras.

Terminada a preleção, o emissário espalmou as mãos sobre a fronte da enferma, envolvendo-a em jatos de luz, que a inundaram integralmente. Logo após, a mãe e o amigo deram-lhe as mãos e a levaram para uma agradável e repousante excursão no plano espiritual.

Logo nas primeiras horas da manhã clara, Calderaro ajudou-a a apossar-se do envoltório fisiológico. Tomara os

96 Isabel Scoqui

cuidados necessários para que não lhe fosse permitido o júbilo de recordar, o que certamente a desequilibraria. No entanto, ficariam arquivadas, em forma de novas forças, as alegrias por ela intensamente vividas naquela noite. Com efeito, daí a minutos Antonina despertava, sentindo-se reanimada, quase feliz. Um dos pequenos sobrinhos penetrou o aposento, chamando-a. Alguma energia, que não lhe era dado conhecer, religara-a ao interesse pela vida. Contemplou o sol que atravessava a vidraça, agradeceu o quarto humilde que lhe guardava o sono, sorriu da idéia de ter pensado em abandonar o aprendizado do mundo. Observou a encantadora criança pobremente vestida, a solicitar-lhe companhia para descerem ao jardim, onde flores novas desabrochavam. Aceitou boamente o convite, afinal que importava insignificante malogro do coração diante dos trabalhos sublimes que poderia executar na sua posição de mulher sadia e jovem?

VOVÔ CLÁUDIO

A visita a um manicômio preparara André para a próxima tarefa. Ali, entrara em contato com grande diversidade de alienados mentais e aprendera que, exceto a loucura por causas físicas, a alienação da criatura é quase sempre proveniente da indisciplina ou da ignorância perante o aprendizado terrestre. Logo após, ele deveria acompanhar uma equipe socorrista, que operaria nas cavernas de sofrimento. Cipriana, que chefiava a comissão de sete pessoas, achou melhor que André permanecesse no limiar das cavernas, pois não se achava em condições de penetrar os abismos purgatoriais. Já que a intenção do amigo era colher informações, que posteriormente seriam repassadas aos encarnados, o local estava repleto delas.

Calderaro deixou-se ficar na companhia de André, enquanto a equipe penetrava nas furnas de sofrimento, devendo retornar dentro de seis horas. Acharam-se num local povoado de habitantes estranhos. Logo perceberam que aquele povo desencarnado não se dava conta da própria situação. Densas turbas de almas torturadas se debatiam em substância viscosa, enquanto assembléias de Espíritos dementes discutiam por interesses mesquinhos. Certos grupos volitavam a pequena altura como corvos negrejantes. Eram criaturas mais dotadas intelectualmente, uma vez que a volitação depende da força mental armazenada pela inteligência. Verdadeiras tribos de criminosos e delinqüentes uniam-se, atraídos uns aos outros, consoante a natureza das faltas que os identificavam.

Impressionado, André perguntou ao seu instrutor se aquela gente permanecia desamparada, entregue a si mesma. Calderaro respondeu que não. Que ali funcionavam inúmeros postos de socorro e variadas escolas. Que, naquele local de purgação, reuniam-se os avarentos, os homicidas, os gananciosos e os viciados de todos os matizes em deplorável situação de cegueira íntima. Preocupados com eles mesmos, abrigando no coração sentimentos rasteiros, demoravam em se libertar. Que os padecentes eram atendidos conforme as possibilidades de aproveitamento que demonstrassem.

Após cruzarem pequena distância, André e seu instrutor encontraram uma curiosa assembléia de velhinhos. Esfarrapados e esqueléticos, traziam as mãos cheias de substância lodosa, demonstrando infinito receio de perdê-la. Cochichavam, entre si, maliciosos e desconfiados. Acreditavam que o material, que retinham nas mãos, era ouro. Usurários, haviam descido a profundo apego à fortuna material transitória, enlouquecendo na paixão de possuir.

Um dos velhinhos começou a questionar se não estavam sendo vítimas dum pesadelo. Se não teriam enlouquecido.

Aquela voz cravou na mente de André. Era-lhe familiar. Custava-lhe acreditar, mas aquele Espírito não era outro senão o seu avô Cláudio! O avô que se afeiçoara a ele desde os mais tenros anos. Fora frio com os outros, mas não com ele. Na presença do neto pequenino, acalmava-se nas crises nervosas que lhe precederam o fim.

O velho revelava-se receptivo, pois começara a entender que estava em erro. Então, Calderaro aplicou-lhe recursos fluídicos sobre os olhos embaciados. A entidade ganhou provisória lucidez e passou a vê-los. Ajoelhado e de braços estendidos, pediu-lhes que o conduzissem à sua casa. André abraçou-o compungido. Explicou-lhe que a morte o arrebatara há mais de quarenta anos. Pediu que reparasse em suas mãos, e a entidade pôde perceber que aquilo não era ouro e se tratava simplesmente de lodo. Então, sentindo-se castigado, passou a clamar pelo nome de Ismênia.

Após alguns minutos, o velho se acalmou e resolveu confessar. Contou-lhes que Ismênia fora sua irmã por parte de pai. Que sua mãe, dedicada e santa, criara a menina como se fosse sua própria filha. Todavia, enceguecido pelo propósito de possuir, despojou-a dos bens que lhe cabiam, por ocasião do falecimento dos pais vitimados pela febre maligna. Ismênia, espoliada, depois de chorar e reclamar debalde, teve que trabalhar como copeira em uma residência de gente abastada. Com remuneração desprezível e premida por necessidades de toda sorte, casou-se com um homem rude e cruel, que a mantinha, juntamente com as filhas, em dolorosas condições de miserabilidade. Que o remorso às vezes o visitava, mas que os carinhos de seu neto aquietavam-lhe o pensamento. Consolava-o a idéia de ter-lhe legado uma pequena fortuna para que ele se consagrasse à Medicina. Desejava notícias do neto querido!

André compreendeu, então, o tamanho de seu débito para com aquela criatura. Volveu ao cenário de seus dias

Pessoas de André

de criança, ajoelhou-se aos pés do desventurado benfeitor e cobriu suas mãos de beijos. Identificou-se emocionado. E, enquanto aquelas míseras entidades gritavam e riam, sem poderem compreender a cena, sustentou seu avô nos braços, como se transportasse precioso e leve fardo.

Quando Cipriana regressou, logo percebeu que a presença de André, naquela tarefa, não tinha sido vã. Urgia, então, socorrer-lhe o avô. Para conseguir detalhes da situação, submeteu o velhinho a minucioso interrogatório e concluiu que ele precisava de tratamento e cuidados, mas não suportaria respirar em atmosfera mais elevada. Como o ancião pronunciasse repetidamente o nome da irmã espoliada, entendeu que ele necessitava reaproximar-se dela e sofrer a extrema pobreza, para reeducar as próprias aspirações. Internou-o numa instituição existente no local. Logo em seguida, mandou que dois companheiros fizessem rápida investigação, na Crosta terrestre, a fim de encontrarem Ismênia.

Em noventa minutos, os emissários retornaram com notícias da ex-irmã de Cláudio. Estava reencarnada e vivia na fase juvenil. Ismênia foi encontrada num modesto lar do Bangu. Cipriana colocou a destra sobre a fronte da jovem adormecida e chamou-a repetidamente. Decorridos instantes, a moça desdobrou-se. Com o rosto entre as mãos, ofuscada pela sublime claridade emitida pela orientadora e emocionada, colocou-se à disposição da Espiritualidade. Cipriana cobriu-lhe o rosto com um leve véu, impedindo que a desolada paisagem exterior perturbasse a viajante. Levou-a para junto do velhinho enfermo.

Ismênia não recordou o ex-irmão de pronto. Mas as irradiações magnéticas, com que Cipriana a envolvia, provocaram uma emersão da memória. E ela lembrou-se... Alguns segundos de expectativa rolaram pesadamente, mas o amor triunfou no olhar enternecido de Ismênia. Abraçou-se ao doente, conservando-o muito tempo de encontro ao peito, fazendo-o sentir sua imensa ternura, sua dedicação e entendimento sem limites.

Cipriana explicou que Cláudio deveria demorar ainda, naqueles sítios, por dois anos. Era o tempo suficiente para os acertos necessários. Ismênia casar-se-ia com seu noivo Nicanor. O velhinho adquiriria certo equilíbrio e, depois, viria a ser o primeiro filho do casal. Seria, como o pai, um pedreiro feliz.

Abraçando a jovem, a veneranda mulher abençoou-a por compreender e aceitar a maternidade sublime. Mas chegava a hora de voltar. A moça foi trazida ao seu modesto aposento. Auxiliada a retomar o aparelho fisiológico e a esquecer a ocorrência que vivera entre os Espíritos, acordou. Tinha a mente refrescada de idéias felizes. Tinha a nítida impressão de que retornava de maravilhosa excursão transcendente. Não sabia como, mas guardava profunda certeza de que se casaria, e que Deus lhe reservava ditoso porvir.

Libertação

A MULHER DE JOAQUIM

André Luiz, Elói e o instrutor Gúbio visitavam uma estranha cidade no Umbral. Tudo lhes parecia inóspito: as construções, o ambiente, a vegetação. Os transeuntes mostravam diversas anomalias impressas em seu corpo espiritual (perispírito), causando má impressão. Era visível a expressão de maldade em muitas fisionomias. Percebia-se que, ali, estava perdida a noção do bom gosto, do conforto construtivo, da beleza e até mesmo da higiene, considerando os desmantelos e detritos espalhados por toda parte. Além das perturbações reinantes, pairava na atmosfera um sufocante nevoeiro que mal deixava entrever o horizonte. Foi assim que, de sobressalto em sobressalto, passaram por compridos labirintos e vararam lodosa muralha. A visão foi estarrecedora. Largo e profundo vale se estendia, habitado por gente que experimentava toda espécie de padecimentos imagináveis. À frente, por dezenas de quilômetros, sucediam-se furnas e abismos, onde purgavam milhares de criaturas que abusaram dos sagrados dons da vida. Entregavam-se eles a inumeráveis dias de tortura redentora.

Gúbio informou-os que contemplavam apenas a superfície dos cárceres trevosos. Estes se alongavam em precipícios subcrostais. Disse, ainda, que ali se encontravam missionários e servidores do bem operando em auxílio daquela triste e tumultuosa coletividade.

Descendo mais alguns metros, depararam uma esquálida mulher estendida ao solo. Notaram que existiam três formas ovóides ligadas ao seu perispírito. Examinadas mais de perto, puderam constatar que as formas ovóides eram entidades infortunadas que, entregues ao propósito de vingança, haviam perdido a forma perispiritual e se imantaram à mulher que odiavam. Emitiam pensamento constante de revolta e o permanente desejo de represália. Triste a história daquela mulher! Fora ela jovem, bela. Desposara um cavalheiro já em idade madura, que havia assumido, anteriormente, compromissos sentimentais com uma de suas escravas. Dessa união resultaram dois filhos. Quando a jovem esposa conheceu toda a extensão do assunto, revelou toda a ira que lhe povoava a alma. A tirânica senhora pressionou o esposo e conseguiu que a escrava sofredora fosse separada dos filhos e vendida para uma região insalubre, onde encontrou a morte pela febre maligna. Os dois rapazes padeceram vexames e flagelações no tronco. Viveram humilhações incessantes, até que a tuberculose os levasse à desencarnação. Na erraticidade reuniram-se à genitora revoltada, formando um trio perturbador com sinistros propósitos de desforço.

Eles atacaram a mulher que os tratara com dureza, impondo sobre ela destrutivo remorso ao Espírito fraco. Dominando-lhe a vida psíquica, transformaram-se, para ela, em impiedosos carrascos invisíveis. Perante tamanha perseguição, a mulher adoeceu gravemente, sofrendo por dez anos as mágoas do desvario íntimo. E assim que se desembaraçou dos laços materiais, viu-se perseguida pelas vítimas de outro tempo. Padeceu muitíssimo, embora não lhe faltasse assistência de benfeitores do Alto que sempre tentavam conduzir a pobre criatura à humildade e

Pessoas de André

renovação, mas ela permanecia refratária.

Pouco tempo depois, Joaquim, o marido também desencarnou. Veio encontrá-la, semilouco, mas foi incapaz de socorrê-la. Os impiedosos adversários prosseguiram na vingança, até perderem a organização perispirítica, transformando-se em ovóides. A infeliz perseguida não os via nem os apalpava, mas sentia-lhes a presença e ouvia-lhes as vozes, através da consciência. Vivia atormentada e sem direção, clamando o auxílio do companheiro. Tudo fazia crer que os missionários da caridade já tivessem conduzido o esposo às correntes da reencarnação. Possivelmente, a irmã seguir-lhe-ia as pegadas, renascendo em círculos de vida torturada, enfrentando imensos obstáculos para reencontrar o ex-esposo e partilhar-lhe das experiências futuras. Mesmo reentrando no mundo carnal, seria seguida de perto pelos adversários. Esta influência nociva traria infância dolorosa, enfermidades de diagnose impossível e mocidade torturada por sonhos de maternidade. Não haveria descanso enquanto não embalasse, no próprio colo, os três adversários convertidos, então, em filhinhos tenros. Na condição de mãe, transportaria consigo três centros desarmônicos, encaminhando-os ao reajuste, enfrentando o tormento e a dor para restituí-los à estrada certa da vida.

GREGÓRIO

O aspecto decadente vigorava apenas na periferia da estranha cidade. À medida que se aproximava da região mais nobre, surgiam palácios exóticos, praças bem cuidadas, carruagens soberbas puxadas por escravos e animais. Lembrava uma grande cidade, do Oriente, de duzentos anos atrás. O suntuoso casario contrastava de modo chocante com o vasto reino de miséria em derredor.

André e seus companheiros foram conduzidos até Gregório, com quem precisavam entrar em entendimento, sobre uma pessoa de interesse comum: Margarida. Identificaram-se como enviados por Matilde. O sacerdote estremeceu ao ouvir o nome daquela que lhe fora mãe devotada, mas não se sensibilizou. Entregou-os à custódia de quatro guardas e determinou que fossem testados antes de entrarem em contato direto com ele. André, Gúbio e Elói foram levados a um edifício de grandes e curiosas proporções. Ali se congregavam algumas dezenas de entidades, que seriam selecionadas segundo os males praticados e, posteriormente, julgadas.

Para esse exame, era utilizado um instrumento captador de ondas mentais. Este aparelho dispunha de recurso apenas para a identificação de perispíritos desequilibrados, mas não tinha capacidade de medir vibrações superiores. Por essa razão, os três visitantes foram considerados Espíritos neutros.

Logo em seguida, chegaram os juízes. Um deles fez longo discurso sobre as penas que seriam impostas aos seguidores do vício e do crime. Falava duramente, criando um clima negativo a qualquer espécie de soerguimento moral. Usava a verdade contundente para condenar. E no auge da palestra, demonstrou toda a sua força magnética atraindo uma pobre mulher que o fitava estarrecida. Fê-la confessar o assassinato de seus quatro filhinhos e o planejamento da morte do esposo. A mulher contou, também, que sentiu remorsos pelos homicídios e entregou-se às "bebidas de prazer". Após a confissão, a pobre perdeu a compostura e passou a clamar por vinho e prazeres. O magistrado implacável informou que a sentença fora lavrada pela própria ré: era uma loba, uma loba, uma loba... O efeito hipnótico de suas palavras agiu sobre o perispírito

Pessoas de André

da mulher, aviltando-lhe a forma humana e transformando-a em animal. Usara a culpa como a brecha, através da qual se insinuara para condenar e punir. E a cerimônia de julgamento e condenação prosseguiu... Voltaram para a casa de Gregório, onde passaram a noite, presos. Conseguiram a audiência desejada somente na tarde do dia seguinte. Foram recebidos numa sala que parecia um estranho santuário iluminado por tochas ardentes. Gregório estava sentado num pequeno trono e trajava uma túnica escarlate. Estava rodeado por mais de cem entidades em atitude adorativa. Assim que os visitantes deram entrada no recinto, fez um gesto determinando o regime sigiloso de conversação, e o ambiente se esvaziou de imediato.

Após um longo diálogo de palavras medidas, Gúbio expôs os motivos de estarem ali. Queria um adiamento da perseguição à Margarida. Deixou claro que não lhe competia julgar os motivos pelos quais Gregório resolvera infligir o sofrimento e a morte à jovem senhora. Mas entendia que ela precisava de tempo, ter os filhos previstos e que já se preparavam para a encarnação. Somente desse modo poderia ela ressarcir o passado culposo. Gregório argumentou que necessitava do alimento psíquico que só a mente de Margarida podia lhe proporcionar. Além disso, estava entregue a uma falange de sessenta servidores seus, cujo chefe era um duro perseguidor. Gúbio não se deixou abater pela argumentação e lhe propôs que ficasse indiferente, deixando que agissem com liberdade, ombreando-se com os opressores. Que o alimento psíquico poderia ser suprido por Matilde, sua mãe querida, que também interessava no soerguimento da moça. Gregório, que não acreditava na vitória do tentame, concordou em não interferir. Em seguida, tilintou a campainha e mandou que um de seus servidores inserisse o trio no caso de Margarida.

Gúbio e seus companheiros foram levados até a enferma e, mediante a apresentação da senha revelada por Gregório, foram logo admitidos no local. Inicialmente, pouco se pôde fazer. Gúbio ganhou a confiança dos mais terríveis perseguidores, auxiliando-lhes os familiares; que se achavam em condições deprimentes. Os obsessores estavam gratos e, não havendo mais resistência no local, a jovem senhora pôde ser levada a um Centro Espírita, onde foi tratada espiritualmente. Para assegurar a melhora da protegida, sua casa passou a ter vigilância redobrada, tornando-se um núcleo de assistência aos sofredores.

Quando Gregório tomou ciência dos acontecimentos havidos no caso de Margarida e sobre a renovação de muitos colaboradores dele, revoltou-se contra Gúbio. Dispôs-se a buscá-lo para um ajuste de que se julgava credor. Convocou muitos companheiros, das sombras, e partiu para o ataque.

A missão poderia ser encerrada, mas a batalha não estava finda. Gúbio combinara um encontro com Matilde em um dos "campos de saída" da esfera carnal. A noite ia avançada quando lá chegaram. Gúbio conduzia um grande número de pessoas, que buscava assistência espiritual. O instrutor preparou-as para o próximo acontecimento, aconselhando-as a se manterem perseverantes no processo de regeneração. Informou que a hora era grave e que todos deveriam testemunhar, emitindo vibrações de amor fraternal. Não deveriam receber os insultos e provocações de Gregório por ofensas pessoais. Sendo o pensamento uma força vigorosa, esperava de todos o auxílio da prece e de emissões mentais de amor puro. Em seguida, percebendo a iminência da chegada dos contendores, entregou a direção dos trabalhos para André e se preparou para a posterior materialização de Matilde.

Alguns minutos se desdobraram. Gregório,

Pessoas de André 107

acompanhado de algumas dezenas de assalariados, surgiu em campo, investindo com palavrões que se caracterizavam pela dureza e pela violência. Vinham acompanhados de grande cópia de animais, na maioria monstruosos. O sacerdote das sombras endereçou seu ataque a Gúbio, acusando-o de miserável hipnotizador, bruxo e traidor. Não havendo resposta por parte do interpelado, Gregório continuou proferindo impropérios. Não houve reação. Demonstrando acentuado desapontamento, em face aos insultos sem resposta, o temível diretor das legiões sombrias avançou sobre Gúbio.

Antes, porém, que conseguisse o intento de agredir, delicada garganta, improvisada em fluidos radiantes, surgiu e a voz de Matilde ressoou com amorosa firmeza. Dirigiu-se a Gregório. Falou-lhe sobre ostentação da vaidade das posições humanas, cristalizando na mente os desvarios do orgulho. Sobre a reverência à grandeza dos poderosos em desfavor dos humildes, incentivando a tirania espiritual. Que fora um engano a suposição de que o céu, além da morte, fosse uma simples continuidade dos Tribunais e das Cortes da Terra. E foram esses mesmos desenganos, que o surpreenderam ao despertar, que o levaram à revolta e à escravização de mentes inferiores. Fê-lo entender a sua triste posição como gênio desprezível, mero disciplinador de almas criminosas e perturbadas. Ainda que essa situação perdurasse havia séculos, chegara hora de enfrentar a verdade. O mesmo Cristo, que o levara ao serviço religioso, continuava a sua missão pacificadora e aguardava as suas ovelhas desgarradas. Era necessário que não mais oferecesse teimosa resistência.

Gregório mostrava, na voz, um pavor indescritível. Parecia disposto à fuga, mas continuava magnetizado, a ouvir a palavra da benfeitora que lhe chicoteava a consciência. Num último ato de desespero, arrancou a espada da bainha e chamou-a para o combate. Após alguns momentos de expectativa, uma massa radiante surgiu-lhe à vista. A valorosa emissária materializava-se, utilizando os fluidos vitais de Gúbio. A assembléia permanecia silenciosa e em prece. Matilde surgiu vestida por túnica alva e luminescente. Adiantava-se, digna e bela, na direção do sombrio perseguidor.

Gregório, perturbado e impaciente, atacou-a de longe e empunhou a lâmina em riste. Matilde alçou a destra luminosa ao coração e respondeu que não tinha outra arma senão o imenso amor com que sempre o amara. Retirando o véu, que lhe encobria a face, todos puderam mirar aquele semblante sublime banhado em lágrimas. Emitia irradiações enternecedoras e abriu os braços envolventes e acolhedores. Gregório deixou cair a espada e se ajoelhou. Abalado nos refolhos do ser, regressou à fragilidade infantil, em desmaio da força que o sustinha. A benfeitora, enlevada, recolheu-o, enlanguescido, nos braços, enquanto numerosos membros da sombria falange fugiam espavoridos.

Matilde, vitoriosa, agradeceu comovidamente e confiou, aos cuidados de Gúbio, aquele que ela considerava o seu divino tesouro. Edificado e feliz, o instrutor sustentou Gregório, inerte, nos braços à maneira do cristão fiel que se orgulha de suportar o companheiro menos feliz. Orou, cercado de claridade santificante, e deu por finda a tarefa, dispondo-se a guiar os novos estudantes do bem à abençoada colônia de trabalho regenerador.

MARGARIDA

André, Gúbio e Elói adentraram a confortável residência que, por suas enormes dimensões, demonstrava a condição aristocrática de seus moradores. Porém o ambiente

Pessoas de André

era povoado por personalidades espirituais de aspecto deprimente. O ar jazia saturado de elementos intoxicantes. Saldanha, que era o chefe da falange ali operante, veio recebê-los. Mediante a apresentação da senha fornecida por Gregório, o perseguidor não se fez rogado e os conduziu até Margarida. Encontraram-na no leito, mostrando extrema palidez no semblante. Entregava-se a tormentosa meditação. Dois desencarnados, de horrível aspecto, inclinavam sobre seu busto, submetendo-a a complicada operação magnética. Algumas dezenas de "ovóides" estavam atadas ao seu sistema nervoso. Estava presa, pelo corpo perispiritual, aos perturbadores e àquelas formas inconscientes que lhe sugavam as energias em processo intensivo. Havia dez dias a vítima fora colhida em cheio e não apresentara nenhuma resistência.

Não se tratava de um caso comum de obsessão. Era um cerco tecnicamente organizado que operava gradualmente a execução da sentença de morte. Segundo a previsão dos seus perseguidores, a desencarnação viria em pouco tempo.

Um cavalheiro tristonho e simpático adentrou o recinto. Pela expressão carinhosa, podia-se afirmar que era o esposo da enferma. Amparou-a com carinho e ajudou-a a vestir-se. Levou-a à igreja, na expectativa de colher alguma melhora. Assistiram ao culto religioso, que foi assinalado por estranha oposição: os altares irradiavam matéria mental luminosa, emitida pelos crentes durante séculos, havendo Espíritos de alta posição hierárquica a magnetizar as águas e as hóstias. Mas o ambiente estava espiritualmente comprometido pelo desinteresse coletivo dos ouvintes, que, abordados por entidades menos felizes, se deixavam vencer pela influência dispersiva e perturbadora. Poucos conseguiam assimilar o auxílio celestial. E Margarida regressou ao lar, cercada pelo mesmo séquito de entidades e sem a menor alteração em seu estado de saúde.

Os tormentos psíquicos persistiam. Os obsessores provocavam-lhe fenômenos alucinatórios. E assim, bombardeada permanentemente por fluidos tóxicos, a pobre já não conseguia se erguer. Saldanha, então, dispensou a maioria dos colaboradores, alegando que tinham outros casos que os aguardavam e conservou os dois temíveis hipnotizadores, Leôncio e Gaspar, e a coleção de mentes em forma de "ovóides".

O caso prosseguia sem qualquer controle, quando o médico da família aconselhou a procura de um afamado professor de ciências psíquicas, no intuito de fornecer algum alívio à doente. Gabriel, o marido atencioso, recebeu a sugestão com simpatia e tratou de levar a esposa ao profissional indicado. O professor possuía uma mediunidade bastante aflorada, entrando facilmente em contato com a Espiritualidade. No entanto, fizera do intercâmbio, entre as duas esferas, um negócio comum como outro qualquer. Assim que os entrevistou, pôs-se a combinar o preço do trabalho, exigindo adiantadamente significativo pagamento. É evidente que esse médium, nas condições em que trabalhava, era assessorado por entidades manifestamente inferiores. Enquanto o casal aguardava, Saldanha procurou a entidade ali dominante e fez um trato com ela. Propôs excelente remuneração em colônia não muito distante, onde desfrutaria regalo e prazeres, em troca de não penetrar o problema de Margarida na intimidade. Então, naquele local, onde havia fenômeno, mas não se encontrava elevação espiritual, receberam um diagnóstico falso, e a obsidiada foi encaminhada a um psiquiatra a pretexto de tratar a situação precária dos nervos.

Gúbio ajudava a jovem senhora de maneira indireta. Auxiliou, primeiramente, as famílias dos dois obsessores mais ferrenhos, Saldanha e Leôncio, conseguindo-lhes o apoio irrestrito. Margarida, no entanto, continuava a

Pessoas de André

ser assediada por Gaspar. Este permanecia indiferente à conversação. Jazia surdo, quase cego, plenamente insensível. Seu pensamento girava em torno de uma idéia fixa: flagelar a vítima. Era quase um autômato hipnotizado por vigorosas mentes das trevas. Mas, por enquanto, era preciso mantê-lo ali, pois sua ausência poderia despertar desconfiança da falange de obsessores e dar início a um ataque em massa. Gabriel entrou no quarto e encontrou a esposa desalentada e abatida. Depois que auxiliara a família dos perseguidores de Margarida, Gúbio podia agir livremente. Então, aproximou-se do rapaz e colocou-lhe a destra sobre a fronte. Sugeriu-lhe o pensamento de levar a esposa a um Centro Espírita. O moço captou a sugestão e apresentou-a à esposa, que aderiu à idéia com esperança renovada.

Por volta das vinte horas, um automóvel conduziu o casal a uma reunião familiar importante no setor de socorro mediúnico. Foram recebidos com demonstrações de carinho pelo dono da casa, senhor Silva, e pelo diretor espiritual dos trabalhos espirituais, que se chamava Sidônio.

O grupo de encarnados era constituído por sete pessoas, quatro cavalheiros e três senhoras. Vinte e um colaboradores espirituais também se movimentavam ali. Iniciados os trabalhos, Gúbio e Sidônio, em esforço conjugado, efetuaram operações magnéticas em torno de Margarida, desligando os "corpos ovóides", que foram conduzidos a postos socorristas. Foi aplicada uma combinação de fluidos revigorantes sobre Margarida e Gaspar, no intuito de restaurar-lhes as energias perispiríticas. A jovem senhora passou a apresentar sinais de evidente alívio, e Gaspar pôs-se a gemer, como se acordasse de intenso pesadelo.

A seguir, Dona Isaura, senhora daquele ambiente doméstico e médium do culto familiar, sentiu-se estimulada à incorporação. Gaspar foi trazido à experiência medianímica, a fim de recolher benefícios ao contato de companheiros encarnados, que lhe forneceram energias vitalizantes. Os recursos regeneradores, encontrados naquele agrupamento, agiam de encontro aos raios entorpecentes, que antes o mantinham em estado quase letárgico. Os sentidos do insensível perseguidor ganharam inesperada percepção. As energias da médium lhe proporcionavam um avivamento sensorial. Gaspar chorou, gritou, blasfemou, dialogou por sessenta minutos com o doutrinador. Finalmente pôde entender a necessidade de renovação espiritual e foi encaminhado para uma instituição socorrista, onde receberia tratamento adequado.

Sidônio, no entanto, sabia de antemão os problemas decorrentes de um tratamento espiritual daquela natureza. Não bastava amparar Margarida; era necessário socorrer-lhe a casa do revide dos irmãos da sombra. Entendeu-se com Gúbio e designou doze companheiros para reforçar a segurança da moradia. A jovem senhora teria um ambiente saudável para recuperar a saúde tão combalida.

A casa transformou-se. Velha serva encarnada foi intuída a fazer uma limpeza no ambiente. Móveis e adornos foram espanados, vidraças abertas, permitindo a entrada de ar fresco. O ambiente voltava à harmonia. Gúbio colocou sinais luminosos nas janelas, indicando a nova posição daquele reduto doméstico, opondo-se às manchas de sombra que antes vinham dali. Espíritos sofredores, mas bem-intencionados, apareceram em grande número. A corrente de necessitados foi aumentando consideravelmente. O local se convertera, de repente, numa avançada instituição de socorro espiritual. Os trabalhadores espirituais se colocaram à disposição dos recém-chegados, ouvindo-os com paciência e prestando-lhes a assistência possível, a fim de se prepararem mentalmente para a oração da noite.

Elementos da falange gregoriana também visitaram o local, tomando conhecimento de que a casa seguia nova

Pessoas de André   113

direção. Blasfemaram, acusaram e ameaçaram. Outros, seguindo o exemplo de Saldanha, confessaram terem se entediado com a prática do mal e se renderam às novas luzes. Criaturas sofredoras proferiram dolorosos testemunhos. Até Gaspar, antes feroz perseguidor, foi chamado ao serviço do bem. Naturalmente quis recusar, mas Gúbio informou-o que serviço construtivo e atividade destrutiva constituem simples problema de direção. Gaspar deveria utilizar a larga experiência, em que se tornara exímio hipnotizador, para aliviar os semelhantes. E assim o fez.

Chegada a noite, Gúbio assumiu a direção dos trabalhos e reuniu-os em largo círculo. Recomendou o esquecimento dos velhos erros e aconselhou atitude interior de sublimada esperança, para estabelecer um clima favorável ao recebimento das dádivas celestes. Após uma prece sentida, outorgou a direção dos trabalhos a André, pois deveria fornecer recursos para a materialização da benfeitora Matilde.

Em poucos instantes, uma massa suave e luminescente adquiriu contornos definidos. O fenômeno de materialização se fizera em processo parecido ao que ocorre nos círculos carnais. Matilde surgiu, diante de todos, venerável e bela. Fez-se tangível para aconselhar aquela multidão carente de assistência e orientação. Falou sobre o regresso à sombra protetora da carne e a necessidade do devido preparo para não cair nas mesmas armadilhas e erros passados. Os presentes sentiram-se confortados pelas palavras serenas da benfeitora e a esperança reacendeu naqueles sofridos corações.

Matilde pediu que trouxessem Margarida, pois pretendia consolidar-lhe o equilíbrio e fortalecer-lhe a resistência. Transcorridos alguns minutos, a jovem senhora compareceu àquele cenáculo, desligada do corpo físico através do sono. Em seu semblante, adivinhava-se estranho alheamento no olhar, revelando a semiconsciência em que se encontrava. Maquinalmente, aninhou-se nos braços maternos de Matilde. A protetora, interessada em despertar-lhe alguns centros importantes da vida mental, começou a aplicar-lhe passes longitudinais. Em seguida, a paciente reagiu, expelindo, através do tórax e das mãos, fluidos cinzento-escuros em forma de tênue vapor. A certa altura do processo de despertamento, a jovem senhora abriu desmesuradamente os olhos. Parecia assustada, mas sossegou ao encarar o semblante doce e iluminado da benfeitora. Reconheceu-a imediatamente como mãezinha de outras eras.

Quando Margarida se sentiu suficientemente lúcida, começou a relacionar as dores e frustrações que a acometiam, confessando estar cansada e infeliz. Matilde, porém, informou-a sobre os deveres divinos, que nos cabem, ao receber um corpo na Terra. Sobre a necessidade da dor, do obstáculo e do conflito, que são ferramentas utilizadas na nossa melhoria. Sobre as bênçãos da luta e do atrito que nos ajudam a superar os nossos velhos obstáculos. Sobre a renúncia em favor dos menos favorecidos, pois a alma desinteressada pela felicidade do próximo jamais encontrará a própria felicidade. Sobre a necessidade de ajuda, compreensão, amparo, perdão, socorro.

Assim que a jovem senhora conseguiu reter regular consciência de si mesma, Matilde informou-a que, em breves anos, deveria voltar ao círculo de lutas terrenas. Nos abençoados elos de sangue retornaria como sua filha e necessitava de sua cooperação. Não viria em simples processo regenerativo, mas para resgatar doce laço do coração, que ainda se demorava retido no fundo do abismo. Para que sua missão tivesse êxito, não poderia ser tratada com excesso de mimos, como a uma boneca, a pretexto de guardá-la em maternal proteção. Para que o amor e a

Pessoas de André 115

gratidão a Deus pudessem perdurar no olvido da carne, precisaria de uma orientação robusta e vigilante.

Depois de algumas palavras de reconforto, Matilde envolveu Margarida em operações magnéticas, reajustando-lhe os centros perispiríticos, carinhosamente, e rogou o auxílio de Elói para que a esposa de Gabriel regressasse ao envoltório carnal.

SALDANHA

Saldanha tornara-se obsessor-chefe do caso Margarida, devido ao ódio que nutria por aquela família. Odiava mais precisamente o pai da jovem senhora, que era juiz. Havia onze anos, uma sentença cruel do magistrado trouxera a ruína para os seus familiares, devastando-lhe o lar. Saldanha havia desencarnado fazia pouco tempo, vítima de uma tuberculose galopante. Sua esposa Iracema e seu filho Jorge enfrentavam dolorosas dificuldades e aflições. Jorge era rústico operário que se casara muito cedo, recebendo uma filhinha atormentada e sofredora. A vida seguia difícil, no lar subalimentado e desprotegido, quando um roubo seguido de assassinato ocorreu na firma em que seu filho trabalhava. Em circunstâncias inexplicáveis, a culpa recaiu sobre o moço. E assim, sem conseguir se desligar do lar, o pai desencarnado assistiu, com indescritível terror, os detestáveis acontecimentos. Jorge foi preso e submetido a intermináveis interrogatórios.

O pai procurava, desesperadamente, visitar chefias e repartições, autoridades e guardas. Identificou o verdadeiro criminoso, mas não conseguia nenhum resultado positivo: ninguém sentia a sua presença de homem desencarnado, nem mesmo a sua influenciação. Seu último recurso foi procurar o juiz e tentar inspirar-lhe justiça e piedade, mas foi em vão. O magistrado preferia ouvir os pareceres de amigos influentes na política, aos quais interessava que o verdadeiro culpado não fosse punido. Jorge recebeu dolorosa pena. Irene, a esposa, não pôde agüentar semelhante infortúnio e, esquecendo-se de sua condição de mãe, suicidou-se. Iracema, torturada pela aflição, também não suportou a dolorosa prova e desencarnou num catre de indigência. Ambas imantaram-se ao Espírito já combalido do sentenciado, levando-o à completa alienação mental. A neta, agora menina-moça, foi recolhida na casa do juiz na condição de serviçal, e estava sendo assediada por Alencar, irmão de Margarida, que desejava arrastá-la ao desvio moral. Saldanha manifestou o propósito de visitar o filho. Como os três amigos espirituais estivessem esperando ocasião propícia para agir, pediram permissão para acompanhá-lo, no que foram atendidos. Rumaram ao hospício judiciário, onde o moço estava internado. A situação de Jorge era lamentável. Jazia de bruços no cimento gelado da cela primitiva. Mostrava as mãos feridas coladas ao rosto imóvel. Agarradas a ele, ligadas ao círculo vital que lhe era próprio, a mãezinha e a esposa desencarnadas absorviam-lhe os recursos orgânicos. Jaziam também estiradas no chão, letárgicas, como se acabassem de atravessar um violento acesso de dor. Irene trazia a mão jungida à garganta, sofrendo a dolorosa aflição do envenenamento.

Saldanha contemplava-os com visível angústia nos olhos velados de pranto. Confessou que tudo tentara, mas nada conseguira fazer em benefício dos seus.

Com sincera disposição em servir, Gúbio sentou-se no piso cimentado e acomodou no regaço paternal as cabeças das três personagens daquela comovente cena. E passou a afagar a fronte das entidades sofredoras, parecendo liberar cada uma dos fluidos pesados que as entorpeciam.

Pessoas de André 117

Decorrida meia hora na operação magnética de estímulo, orou sentidamente. Intensos jorros de luz projetaram-se em torno dele. Passes magnéticos foram aplicados em cada um dos três infelizes. A interferência do benfeitor quebrou o elo que prendia Jorge às desencarnadas. O moço recobrou a consciência, levantou-se e foi se acomodar serenamente no leito. Em seguida, foi a vez de Iracema. Afagou-lhe a cabeça e a infortunada voltou a si, reparando, de imediato, a presença do marido, com quem passou a conversar com intimidade após longa ausência. Com o poder de despertamento, que lhe era peculiar, Gúbio distribuiu vigorosas energias aos centros cerebrais de Irene. Transcorridos instantes, a nora de Saldanha ergueu-se num grito horrível. Embora despertada, a suicida não mostrava consciência de si mesma. O instrutor explicou que aquele lugar era inadequado às mulheres e, com a permissão de Saldanha, levou-as até uma instituição socorrista, onde foram devidamente abrigadas.

De volta à residência, encontraram com Alencar, o irmão de Margarida, que ia se postar à porta da neta de Saldanha, nutrindo inconfessáveis desejos. Como fosse necessário afastá-lo, Gúbio ministrou-lhe passes magnéticos nos órgãos visuais. Não demorou muito para que Alencar se afastasse cambaleante, portando enfermidade inofensiva que o prenderia ao leito por vários dias e o obrigaria a meditar nos deveres do homem de bem.

Logo em seguida rumaram para a outra ala da mansão, dispostos a visitar o dono da casa. Naquela hora avançada da noite, o juiz padecia de insônia. Mostrava a mente inquieta e flagelada. Conseguira uma posição privilegiada, honrarias, bens materiais, no entanto, um singular deserto lhe povoava a alma. Gúbio aproveitou o momento e intuiu-o para a lembrança do processo em que Jorge fora implicado. As reminiscências trouxeram-lhe enorme desconforto. Via Jorge mergulhado no abismo da loucura, lembrava as suas palavras veementes que afirmavam sua inocência. Pensava no doloroso drama daquela família. E assim, amargurado, o velho magistrado adormeceu.

O instrutor Gúbio determinou que fossem trazidos Jorge e a neta de Saldanha, que estavam provisoriamente libertos das teias fisiológicas através do sono. Congregou-os para uma audiência com a realidade. Contou que Jorge realizara um grave delito em encarnação distante e que, por isso, viera a expiar a sua falta, mesmo sendo inocente na atual encarnação. Considerando que todos ali haviam tido laços consangüíneos e que Jorge já resgatara os seus débitos anteriores, exortou o magistrado a facilitar a revisão do processo e restituir-lhe a liberdade. Pediu-lhe também a ação providencial no sentido de internar a mocinha, que tomara por serviçal, em estabelecimento digno, onde pudesse receber a necessária educação, pois no futuro seria sua nora, vindo a desposar Alencar, pela bênção do matrimônio. O juiz, abalado por tantas revelações, abeirou-se de Jorge e estendeu-lhe a destra em sinal de fraternidade. Acercou-se também da jovenzinha e abriu os braços acolhedores, prometendo ampará-la para sempre. Foi um momento inolvidável. Saldanha quis desmanchar-se em palavras de reconhecimento, mas Gúbio enlaçou-o num abraço pleno de fraternidade.

Voltaram ao quarto de Margarida. Os outros dois hipnotizadores não lhe davam trégua. Gúbio pousou significativo olhar em Saldanha e lhe contou o verdadeiro motivo de sua estada ali. Informou-lhe que a jovem senhora era filha de seu coração desde outras eras. Agora era ele quem precisava de ajuda. Saldanha mostrava-se visceralmente modificado. Agradecido por tantos benefícios recebidos, colocou-se à inteira disposição do Instrutor, disposto aos mais ásperos testemunhos, se preciso fosse. Em seguida, chamou um dos hipnotizadores e narrou os

Pessoas de André   119

acontecimentos. O homem, que também tinha familiares
em difícil situação, exultou na possibilidade de socorrê-los
também. Gúbio atendeu-o.

Desde então, Saldanha e Gaspar, dispuseram-se à mais
profunda mudança, enfrentando a ira dos ex-companheiros
de sombra, completamente renovados e reaprendendo os
caminhos do Bem.

LEÔNCIO

Leôncio era um dos mais ferrenhos obsessores de
Margarida. Homem frio e determinado gozava, por isso,
da confiança de Gregório. Não hesitava em executar um
serviço de destruição. Naquela noite, porém, percebeu
que algo diferente acontecia no recinto. A conversação
entre Saldanha e o recém-chegado parecia estar carregada
de mistério. Isto lhe trazia certa inquietação, um estranho
mal-estar. Foi quando Saldanha o chamou e lhe contou os
últimos acontecimentos. Gúbio era um mago da luz divina,
que resgatara a sua família da alienação, do opróbrio e da
miséria. E, após o emocionado relato, perguntou se poderia
contar com o seu apoio.

Com estranho brilho nos olhos, Leôncio abeirou-se de
seu ex-chefe de tortura e suplicou ajuda também aos seus.
Tinha na Terra uma esposa seduzida e um filhinho à morte.
E, sem rebuços, narrou a sua história. Desencarnara havia
sete anos, deixando uma viúva jovem e um filho recém-
nato. Morrera relativamente moço, vitimado pelo trabalho
excessivo em busca de dinheiro farto. Deixara a mulher
em excelente condição financeira. Chegara despreparado à
Espiritualidade, nutrindo desespero. Trazia a vaidade ferida
e, não podendo retomar o corpo abandonado, converteu-se
em desumano colaborador da falange trevosa.

Nos últimos dois anos, a infortunada viúva passara a escutar as fantasiosas propostas de um enfermeiro, que se aproveitou da fragilidade de seu filhinho para se insinuar sobre ela. Chamado para prestar socorro ao menino, percebeu ali a oportunidade de se beneficiar com os extensos bens da família. Desde então, assediou-lhe a esposa e passou a envenenar o menino, pouco a pouco, seguindo um plano cruel. Com o tempo, o intruso conseguiu tudo quanto almejava: dinheiro, ilusões, prazeres e promessa de casamento com a jovem viúva.

Leôncio confessou que a concretização do casamento já não o incomodava tanto. Resignara-se. Mas não podia aceitar a sentença de morte executada contra a frágil criança que, para o enfermeiro, seria um forte concorrente aos bens acumulados. Pedia piedade e socorro para o pobre Ângelo, que sem o amparo devido não resistiria.

Elói tinha suas dúvidas. Tomando a dianteira, perguntou o nome do enfermeiro. Leôncio respondeu e confirmou as suspeitas do amigo espiritual. O causador de tantos disparates chamava-se Felício e era seu irmão. Mas para evitar um clima pesado, Gúbio proferiu uma frase inteligente e convidou, a todos, para uma breve visita ao doentinho.

Numa vivenda confortável, encontraram a viúva e o enfermeiro dormindo pesadamente. Em cômodo contíguo o pequeno gemia, baixinho, demonstrando angústia e mal-estar. Notava-se nele a devastação operada pelos tóxicos ingeridos em doses diminutas. Em plena prostração o rapazinho contemplou o retrato do pai, num mudo pedido de socorro. Leôncio caiu num pranto emocionante.

Gúbio ausentou-se por segundos e voltou trazendo Felício, que estava desdobrado através do sono. Aplicou passes com o objetivo de despertá-lo, para que sua mente acompanhasse a lição daquela hora, dentro do mais alto

Pessoas de André

estado de consciência possível. Felício ficou aterrado ao encontrar Leôncio no local. Reconheceu-o prontamente e acusou-o de persegui-lo durante o sono. O instrutor, porém, fê-lo entender que aquele era um pai que zelava pela vida de seu filhinho e que não era um bom negócio solver compromissos financeiros, provocando dívidas morais, que o acompanhariam por tempo indeterminado inclusive no além-túmulo. Que Leôncio já estava resignado quanto ao casamento, porém o menino deveria ser poupado e protegido. O enfermeiro, vencido pelos fortes argumentos, ajoelhou-se e jurou em nome da Justiça Divina que, doravante, ampararia a criança como verdadeiro pai.

André e Elói deveriam devolver Felício ao corpo físico, enquanto Gúbio se incumbia de aplicar passes de fortalecimento no doente. O lance, porém, não terminava aí. Elói inoculou intensa energia magnética à esfera ocular do seu irmão, de modo que este poderia vê-los por alguns momentos. Elói aproximou-se dele e com benéfica indignação advertiu-o de que, se o menino fosse assassinado, ele mesmo se incumbiria de puni-lo. O enfermeiro deu um terrível grito e deixou cair no travesseiro a cabeça desfalecente.

Leôncio ficou satisfeitíssimo com a nova situação de seu filhinho amado. Os acontecimentos calaram-lhe fundo na alma. Resolveu abandonar definitivamente o mal, que jamais trouxera algum alívio aos seus entes queridos. Sabia que enfrentaria a perseguição e o peso da vingança dos ex-companheiros das trevas, mas estava disposto a lutar e sofrer incondicionalmente pelas novas diretrizes, tinha a alma renovada.

ISAURA

Assim que a sessão mediúnica terminou, dona Isaura Silva apresentou visível mudança. Enquanto perduravam os trabalhos, mostrava radiações brilhantes em derredor do cérebro mas, assim que a sessão foi encerrada, cercou-se de emissões de substância fluídica cinzenta, como se uma lâmpada tivesse repentinamente apagado em torno dela.

Percebendo a perplexidade de André, Sidônio explicou o que estava acontecendo. Isaura era considerada valorosa cooperadora, de qualidades apreciáveis e dignas. Todavia, não perdera a noção de exclusivismo sobre a vida do companheiro. Essa imperfeição constituía uma brecha, por onde os inimigos do bem procuravam minar suas resistências, anulando o seu esforço.

Naquele dia, dona Isaura tinha vivido um dos dias mais infelizes, entregando-se a violentas vibrações de cólera. Não fosse a ajuda espiritual e essa irmã certamente haveria sucumbido. Enquanto mantinha-se desperta e permanecia em seu domicílio, estava protegida. A residência era guardada por vigilantes do plano espiritual, em virtude dos trabalhos ali realizados e entidades perturbadoras ou criminosas não podiam penetrar ali.

Depois de duas horas, o senhor Silva apresentou-se desligado do corpo físico, através do sono. Ia participar de uma proveitosa excursão de estudos. No entanto, para sua tristeza, não se fazia acompanhar pela esposa. Minutos depois, Isaura surgiu fora do corpo de carne, mostrando o perispírito intensamente obscuro. As tentativas de aproximação, por parte do benfeitor espiritual, resultaram inúteis. Estava absorta numa idéia fixa e rechaçava a intervenção amigável.

O benfeitor explicou que poderia constrangê-la a ouvi-lo, obrigando-a a submeter-se. No entanto, semelhante atitude

Pessoas de André   123

suprimia-a das possibilidades educativas. Isaura era senhora de seu destino e, ainda que detivesse extensas possibilidades no serviço aos semelhantes, precisava experimentar, por si mesma, o resultado de suas escolhas. Ela sabia que o marido não lhe era propriedade exclusiva e que o ciúme tresloucado só poderia conduzi-la a perigosa situação espiritual. E, se mesmo assim, ciente, quisesse insistir no erro, demorando em linha contrária ao roteiro que o plano superior lhe havia traçado, só lhe restaria deixá-la circunscrita aos círculos da mente em desânimo ou desespero, a fim de que o tempo lhe ensinasse o reajustamento próprio.

Isaura deixou o domicílio e alcançou a via pública. Apressou o passo até encontrar velha casa desabitada. Dois malfeitores desencarnados se abeiraram dela com o propósito deliberado de intoxicar-lhe o pensamento. Dissimulados, iniciaram a conversa, atingindo o ponto nevrálgico da questão. Falaram que compreendiam o quanto ela estava sofrendo e que tinha razões, de sobra, para queixar-se. Satisfeita por encontrar quem se interessasse por suas dores imaginárias e infantis, a mulher confiou-se, aos fingidos amigos, em lágrimas. Então, o mais loquaz perseguidor deu prosseguimento ao discurso, que a perturbaria em seus sentimentos de mulher. Disse reconhecer-lhe os padecimentos morais, o esforço e o sacrifício, enquanto o marido se elevava em prece para acobertar as próprias culpas. Que, muitas vezes, fora flagrado em pensamentos de lascívia em relação às senhoras que lhe freqüentavam o lar .Que não era justo que ela se submetesse às arbitrariedades do marido infiel. Por esse motivo, ela deveria abster-se de receber companheiros hipócritas, interessados em orações coletivas. Que era um perigo entregar-se a práticas mediúnicas em companhia de gente dessa espécie...

A médium invigilante se ligava, cada vez mais, aos ardilosos adversários dos seus compromissos sublimes.

Percebendo isto, o interlocutor passou a denegrir a célula iluminativa que funcionava no santuário doméstico da jovem senhora. Asseverou que ela não tinha vocação para o picadeiro e por isso não deveria permitir que sua casa fosse transformada em sala de espetáculo. Que as pessoas exageravam-lhe as faculdades, que necessitariam, ainda, longo tempo para desenvolver-se suficientemente. E envolvendo-a nos véus da dúvida, que anulam tantos trabalhadores bem-intencionados, explorou-lhe a credulidade. Afirmou que as mensagens escritas e comunicações, que ali ocorriam, vinham de entidades supostamente benfeitoras que não passavam de Espíritos perturbados. Isso quando não era produto de mistificação por parte dos presentes.

Mas ainda não era suficiente. O obsessor aconselhou-a a estudar o próprio caso, consultar especialistas competentes e não perder a oportunidade de restabelecer a ordem mental, sob pena de enlouquecer. Com sarcasmo imperceptível e sutil fazia-a acreditar-se fantasiosa e desprezível. A pobre criatura demonstrava visível terror em face daquela conceituação do assunto. Estava confusa e desapontada.

Nesse momento, Sidônio fez-se visível para Isaura, mas ela estava hipnotizada pelos perseguidores e registrou sua presença com dificuldade. A médium obscurecera o pensamento no ciúme destruidor e perdera o equilíbrio íntimo, dificultando o contato com a Espiritualidade amiga. Era necessário procurar outra forma de acesso à médium invigilante. Sidônio, então, procurou o senhor Silva numa reunião instrutiva e recomendou-lhe retornar ao corpo físico, sem perda de tempo, a fim de auxiliar a esposa em dificuldade.

Silva não hesitou. Regressou à câmara conjugal, reapossando-se do veículo denso. Ao seu lado, o corpo da senhora arfava e contorcia-se, acorrentado em terrível

Pessoas de André

pesadelo. Silva sacudiu a esposa brandamente. Em instantes, ela retomou o corpo em copioso pranto. Afirmava-se infelicitada e sozinha. Sob a dócil influenciação de Sidônio, Silva doutrinou a esposa. Falou sobre a fé e o amparo recebido através da sua mediunidade. Foi conduzindo o assunto, com diplomacia, até fazê-la entender que caíra nas malhas de infelizes, que a conduziram ao purgatório do ciúme. E a conversa seguiria até muito longe. Era necessário o milagroso concurso das horas para pacificar a mente da servidora respeitável, mas exclusivista e invigilante.

Entre a Terra e o Céu

LEONARDO PIRES

Leonardo Pires era um ancião, desencarnado, abatido e trêmulo. Permanecia no lar da neta Antonina, pois esta era a única pessoa da família que ainda se lembrava dele. Consultada a sua tela mental, via-se que fora um militar que integrava as forças brasileiras no Paraguai. Ali conhecera a bela Lola Ibarruri, que deixara um filho e o marido por prazer de aventura. Enlouquecido pela paixão, Pires adquiriu uma encantadora casinha onde pretendia viver com aquela mulher. Certo dia, voltando de viagem, encontrou a casa deserta. Lola entregara-se a um amigo desleal de nome Esteves. Leonardo se fez de desentendido. Em silêncio, alimentava a idéia de vingança e, após algum tempo, envenenou o rival. Viveu com Lola por um tempo ainda, depois desinteressou-se dela. Voltando ao Brasil, casou-se com outra mulher e constituiu grande família.

No leito de morte, a lembrança do crime começou a lhe castigar o mundo interior. O velhinho reconheceu o adversário que o perseguia por dentro. Era o mesmo Esteves, a quem envenenara. Não conseguia alijá-lo do pensamento. Era a culpa sepultada dentro de si. Esteves não estava presente, uma vez que reencarnara havia trinta e poucos anos. Tudo se resumia a uma crise de consciência que o dementava.

O corpo espiritual de Leonardo apresentava-se bastante escuro e denso, pois se entregara deliberadamente às criações inferiores de tédio, ódio, desencanto e aflição. Longe do trabalho e da oração, não podia sair por si mesmo do labirinto mental no qual se entranhara.

Para esclarecer a situação, a Espiritualidade promoveu um encontro entre os envolvidos naquele triste episódio. Leonardo foi induzido a relembrar o passado. Enquanto isso, durante o sono, foram requisitados dois encarnados: Antonina, que antes fora Lola, e Esteves, que renascera como Mário Silva.

Lola contou a sua triste história. Conhecera, no meretrício, a enfermidade e a humilhação, a penúria e o abandono. Vagueara entre o arrependimento e a aflição por muitos anos, até que foi lembrada por Leonardo. E essa era uma lembrança que lhe trazia felicidade. Sentiu-se atraída e permaneceu naquele lar, tendo a oportunidade de renascer dentro daquela família. O testemunho daquela mulher demonstrava real disposição ao reajuste. A dor fizera seu trabalho: a mulher irresponsável de ontem transformara-se numa mãe digna e amorosa.

Ainda que o depoimento de Lola fosse tão comovente, os dois rivais entreolharam-se com repugnância. Certamente se atracariam se não fosse a intervenção dos amigos espirituais. Sob influência magnética, Leonardo foi convencido a extirpar a idéia de crime de seus pensamentos e pensar sobre a necessidade de um tratamento. Minutos depois, foi levado a uma instituição, onde receberia a assistência adequada para o necessário retorno.

. Estava tudo previsto. Assim que Mário se casou com Antonina, Leonardo foi preparado para reencarnar. Aquela que lhe fora companheira de ações inferiores, levando-o ao desespero e ao crime, restituir-lhe-ia a oportunidade

Pessoas de André

de se retratar perante a vida. Aquele a quem tirou a vida anteriormente, deveria se encarregar de sua reeducação, do seu reerguimento perante a vida. E o retorno aconteceu.

AMARO

Amaro era um ferroviário viúvo. Tinha dois filhos: Evelina, de quinze anos e Júlio, de oito. Era um pai excelente, cobria os filhos de puro carinho, tentando compensar a ausência materna. Casou-se, pela segunda vez, com Zulmira, mas esta tinha ciúmes das crianças e vivia choramingando e reclamando a atenção do marido, que queria só para si. O segundo casamento não era um mar de rosas, porém a vida seguia sem grandes acontecimentos.

Houve, porém, um dia em que tudo pareceu desmoronar para o nosso pai de família. Tinham ido à praia. Amaro e Evelina distanciaram-se numa lancha pequena. Júlio ficara sob os cuidados da madrasta, que, no ardor de seu ciúme, desejava a morte do garoto. O pequeno traquinas perseguia as conchas coloridas, sem se dar conta do perigo. Zulmira poderia evitar que o garoto adentrasse o mar, mas não o fez. O menino foi colhido por uma grande onda e, sem defesa possível, encontrou a morte nas águas do mar.

Amaro ficou arrasado. Perdera seu filhinho. Zulmira caíra doente, atormentada pela culpa. Mergulhara num difícil processo obsessivo. Somente Evelina mantinha um certo equilíbrio e pedia ajuda espiritual para a família.

Certa noite, enquanto dormia, Amaro foi procurado por Mário Silva, que o odiava. Fora noivo de Zulmira, amava-a, mas a moça preferiu casar-se com o rival. Essa preferência estava profundamente ligada a acontecimentos do passado, cujos reflexos se viam no presente.

A espiritualidade achou necessária uma emersão de memória por parte dos envolvidos no drama. Amaro retornou à época da Guerra do Paraguai. Era um militar e chamava-se Armando. Tinha dois amigos inseparáveis: Júlio e Esteves. Este último estava atualmente encarnado como Mário Silva.

Esteves apaixonou-se por uma moça chamada Lina Flores e casou-se com ela. Lina era uma mulher sedutora e, fascinados, os dois amigos caíram de amores por ela. Júlio, que era mais arrojado, tornou-se seu amante e, um dia, Esteves os flagrou em adultério. Ferido pela traição, Esteves mudou-se para longe e, desiludido, viciou-se em alcoólicos e no jogo. Tornou-se um homem aventureiro e irresponsável, a ponto de seduzir a esposa de um outro amigo que, por vingança, não titubeou envená-lo.

Mas Lina não estava feliz com Júlio. Assediava Armando com olhares lânguidos. O moço não resistiu à paixão, que o requeimava, e tomou a mulher em seus braços. Júlio, ao saber do relacionamento dos dois, tentou suicídio tomando forte dose de veneno. Sobreviveu, mas passou a sofrer estranhos padecimentos. Inconformado, burlou a vigilância dos amigos e lançou-se no Rio Paraguai, encontrando a morte nas águas. Desencantado com a causadora daquela tragédia, Armando incorporou-se a outras tropas e abandonou-a.

Dez anos se passaram. Armando voltou à terra natal e casou-se. Certa noite, ao voltar do teatro, uma mulher embriagada foi colhida pela carruagem. Ao prestar-lhe socorro, reconheceu Lina Flores. A mulher se despedia do mundo revoltada e sofredora. Esteve jungida a Júlio, no plano espiritual, numa situação lamentável. Armando, ao reencarnar como Amaro, trouxe consigo a tarefa de reabilitá-los para a vida. Mais tarde, Lina renasceria como Zulmira, a sua segunda esposa, e Júlio como seu filhinho querido.

Pessoas de André 131

Júlio atentara contra a própria vida por duas vezes. Desencarnara pelo afogamento. Era necessário vir de novo e sofrer a intoxicação para poder quitar seus débitos perante as Leis Divinas. E assim, quando Zulmira se restabeleceu do problema obsessivo, o casal foi preparado para recebê-lo novamente. Júlio nasceu mirrado e enfermiço. Quando ia fazer um ano, teve crupe e desencarnou vitimado pela terrível doença. Grande sofrimento abateu aquela família. Uma só coisa lhes trazia consolo: a sólida amizade que se fizera com Mário Silva e sua mulher Antonina. Os erros do passado estavam sendo corrigidos no presente. Amaro perdera, pela segunda vez, o seu amado filhinho. Tanto sofrimento não fora em vão. Júlio estava reabilitado e merecia uma chance que não frustrasse sua vida física em plena infância. Assim que Zulmira se recuperou, auxiliada pelos amigos espirituais, pôde candidatar-se à maternidade. Seria mãe de Júlio novamente, só que desta vez o amado filhinho vinha ao mundo para ficar muito tempo. Trazia consigo elevados programas de serviço pois, quitada a dívida, estava pronto a se desenvolver. Após tantas lutas e sofrimento, Amaro poderia ser considerado um vencedor. A tarefa trazida do plano espiritual estava completa, pois as pessoas, que lesara no passado, estavam libertas das algemas do erro e da irresponsabilidade.

ZULMIRA

Zulmira era a segunda esposa de Amaro. Seu marido era um pai exemplar, mimava os filhos, especialmente o menor. Torturada por ciúmes, Zulmira se sentia preterida, deixada de lado. Não foram poucas as vezes que desejara a morte da criança. Desse modo, imaginava possuir o coração do homem amado só para si.

Certa manhã, o grupo foi à praia. Os demais familiares estavam afastados, e Zulmira cuidava de Júlio. Viu quando o pequeno adentrou o mar, sabia o perigo que ele corria, mas permitiu que ele prosseguisse. Uma onda rápida surpreendeu o pequeno, arrojando-o ao fundo. Incapaz de reagir, o menino encontrou a morte pelo afogamento.

Foi um acontecimento infeliz. Desde a morte da criança, Amaro afastou-se da esposa considerando-a relapsa e cruel. Zulmira, trazendo consigo o sentimento de culpa pelo incidente, caiu obsidiada por Odila, a primeira esposa que, mesmo desencarnada, não aceitava o segundo casamento e queria destruir a rival. A responsabilidade indireta pela morte do garoto foi oportunidade para a rival estabelecer implacável perseguição.

Zulmira apresentava grande abatimento, pois sua inimiga controlava-lhe a rede nervosa, obstruindo a passagem de energias essenciais. Mal podia dormir. Assim que seu corpo espiritual alcançava a liberdade, pelo desprendimento durante o sono, a obsessora martelava-lhe a cabeça, ameaçava destruí-la, xingava-a de assassina. Zulmira, desesperada procurava o mar e o local exato onde ocorrera a morte de Júlio. Sempre torturada pelo algoz, volvia ao corpo físico. Acordava suarenta e extenuada. Os amigos espirituais davam-lhe passes e ela se recuperava um pouco.

Era preciso esclarecer Odila. Fazê-la entender o quanto a sua ação funesta atrapalhava o futuro daquela família. Para isso, foi chamada Irmã Clara, pessoa cujo sentimento era sublimado. Suas palavras consoladoras eram carregadas de amor, sua vibração predispunha as almas à renovação necessária. O diálogo entre as duas travou-se suave e, convencida, Odila reconheceu a necessidade de se transformar. Precisava abrir mão do ciúme doentio e pensar

Pessoas de André

no bem de todos. Desde que a adversária retirou-se sem violência, Zulmira ficou liberada para voltar aos labores do dia-a-dia. Pouco a pouco a harmonia voltou a reinar naquela casa. A situação estava propícia para o retorno de Júlio àquele lar.

Numa noite, Zulmira foi levada até Júlio para uma aproximação. Penalizada com o frágil estado do doentinho, a mulher exultou ao saber que seria a sua mãe. Era a oportunidade de dar ao menino os cuidados que negara, anteriormente, por ciúme. Nunca mais sentiria o remorso de não ter feito por ele o que poderia fazer. Tomou o pequeno no colo e aconchegou-o ao peito amorosamente.

Dias depois, iniciaram-se os trabalhos preparatórios da reencarnação de Júlio. O menino experimentou um certo alívio na presença da nova mãezinha. À medida que seu corpo espiritual sofria redução automática, penetrava a inconsciência e dormia placidamente. Assim, o tempo se passou e Júlio nasceu.

Júlio era uma criança doentinha. Quando tinha quase um ano, ficou gravemente enfermo. Sua garganta mostrava-se esbranquiçada e o pediatra diagnosticou crupe. A família ficou alarmada. O médico providenciou a vinda de um enfermeiro para acompanhar o doente. Para o espanto de todos, o profissional chamado era Mário Silva, ex-noivo de Zulmira. O moço exerceu suas atividades com profissionalismo, aplicando o soro antidiftérico no menino. Mas a doença chegara a uma gravidade irreversível. Júlio entrou em coma e morreu ao amanhecer.

Zulmira ficou extremamente abalada com a perda do filhinho. A imagem da criancinha morta lhe ocupava a tela mental. Por isso, foi levada a um reencontro com o filho, durante o sono físico, no plano espiritual. Ali, travou suave diálogo com Odila e ficou sabendo que aquela criança fora filho de ambas. Entendeu que a animosidade, que sentira contra o garoto, fora substituída por imenso carinho e maternal amor. Não trouxe uma lembrança nítida dos fatos ocorridos durante a noite, mas guardou a clara impressão que revira o filhinho em alguma parte e isso lhe deu muita calma e confiança no porvir.

Outro fato concorreu fortemente para seu restabelecimento: Mário Silva veio até a sua casa para lhes oferecer sua amizade. Estava arrependido pelos maus pensamentos que emitira quando tratava o doentinho e sentia culpa no seu desenlace. Encontrando a dona da casa em semelhante estado de inanição, dispôs-se a ajudá-la. Com a permissão médica, improvisou ali mesmo um atendimento de emergência e doou-lhe o seu próprio sangue.

Zulmira ganhara novas forças. A visita ao filho e a transfusão de sangue lhe fizeram enorme bem. O gesto de Mário dissolveu velhas rivalidades, transformando-se em sólida amizade. Pouco tempo depois, ofereceu a sua própria casa para a comemoração do casamento de Mário e Antonina, cuja união estava prevista nos planos da espiritualidade, mas esta é uma outra história...

Alguns meses depois, Zulmira estava apta a ser mãe novamente. Teve a bênção de receber o filhinho de volta aos seus braços maternais. Júlio renascia, desta vez, para permanecer no mundo por muito tempo, pois trazia tarefas importantes a executar. Depois da tempestade, vinha um tempo de paz.

JÚLIO

O menino irrequieto brincava na praia. Na inocência de seus oito anos, não imaginava perigos. Distraído, perseguia as conchinhas multicores, caminhando mar adentro. Uma

Pessoas de André 135

onda rápida o colheu, subitamente, arrojando-o ao fundo. Debatendo-se e sem defesa, nada pôde fazer. Desencarnava vítima de afogamento. O triste acontecimento abalou a sua família. Amaro, seu pai, ficou inconsolável e culpava a madrasta por sua negligência. Esta, por sua vez, caíra em profundo abatimento, seriamente adoecida. Somente Evelina, irmã de quinze anos, lembrava de orar com o seu bom coração, pedindo ajuda espiritual para a família.

Júlio fora recolhido numa instituição destinada a crianças desencarnadas. O Lar da Bênção abrigava duas mil crianças, porém o menino habitava uma ala com apenas doze. Ainda não podia viver junto com as crianças felizes, pois sofria anormalidades. Era um paciente difícil, padecia de pesadelos estranhos relacionados com o que sofrera nas águas. Sua mente estava, ainda, desorganizada pela indisciplina. Por isso não era esperado sucesso em seu tratamento, restando-lhe, como único recurso, uma nova encarnação.

O episódio de sua desencarnação fazia parte do seu quadro de provações. Envolvera-se com compromissos graves numa encarnação em século anterior. Sofrendo uma desilusão amorosa, quis dar fim à vida, sorvendo grande quantidade de substância corrosiva. Sobreviveu à intoxicação, mas ficou mudo. Sem se conformar, alimentou, obstinadamente, a idéia de suicídio. Burlou a vigilância dos companheiros e afogou-se numa funda corrente de rio. Sofreu muito na vida espiritual, carregando as enfermidades que imprimira em si mesmo. Grande ferida se lhe abriu na garganta, a asfixia passou a torturá-lo. Era, portanto, natural a sua dificuldade para recuperar-se.

Sua mãe esteve impossibilitada de dar-lhe assistência, pois trazia a mente cristalizada na vingança contra a segunda esposa de seu pai. Apesar do tratamento excelente recebido naquela instituição, Júlio só ficou mais calmo quando sua mãe conseguiu desvencilhar-se dos fluidos pesados do ódio e foi visitá-lo. Tentando todos os recursos e sem melhoras para Júlio, Odila convenceu-se que a melhor opção, para o filhinho, seria um novo corpo. Afinal, o corpo físico não só atende ao crescimento das potencialidades humanas, como também é uma espécie de filtro que absorve os tóxicos e resíduos de sombra trazidos no corpo espiritual. Sabendo que Amaro fora um bom pai, concordou que o filho viesse renascer na Terra através dele e de sua atual esposa Zulmira.

Certa noite, Zulmira foi levada ao Lar da Bênção para entrar em contato com o futuro filho. Penalizada com a situação do doentinho e valorizando a oportunidade de tomá-lo em seus braços e fazer por ele o que não fizera, recebeu-o com todo carinho. Ao aproximar-se da futura mãezinha, Júlio acalmou-se, encontrando naquele colo o conforto que havia muito tempo não sentia. Depois disso, o processo reencarnatório prosseguiu com êxito. Júlio nasceu mirrado e enfermiço.

Em vésperas do primeiro ano de idade, Júlio adoeceu gravemente. A garganta apresentava enorme placa esbranquiçada. Contraíra crupe e a infecção podia ser letal. Por causa da gravidade da doença, o pediatra aconselhou a presença de um enfermeiro ao lado da criança. Para tanto, indicou Mário Silva.

Mário Silva ficou perplexo ao adentrar a casa de Amaro. Não esperava encontrar, ali, os seus desafetos. Odiava aquele homem que lhe furtara a noiva e não podia se lembrar dela sem aversão. Sentimentos controvertidos requeimavam-lhe a mente. Saíra, havia pouco, da casa de Antonina, onde ouvira grandes verdades evangélicas relativas ao perdão. E agora, enfrentava o desejo de vingança. Oscilava entre um e outro pensamento. Aparentemente cumprindo seu dever

Pessoas de André

profissional, aplicou o soro antidiftérico. Em sua mente, porém, expelia negros fluidos ao pensar na possibilidade de dar cabo àquela vidinha em represália aos inimigos. A Espiritualidade anulava o efeito daqueles fluidos deletérios; mesmo assim, Júlio entrou em coma. A aurora despontava quando Amaro fez a sua prece e encomendou o filhinho aos céus. Mediante o benefício da prece, a criança adormeceu e partiu. Por duas vezes, Júlio atentara contra a vida. Por duas vezes teve que experimentar a frustração da interrupção da vida para valorizar a oportunidade de uma encarnação. Voltou ao plano espiritual nos braços amorosos de Odila. Seguia sereno, pois sofrera as conseqüências funestas de sua rebeldia e agora estava livre das dívidas contraídas perante as leis imutáveis da vida.

Com a morte de Júlio, Zulmira experimentou enorme abatimento. Deixou de se alimentar e estava muito debilitada. Por esse motivo, Odila promoveu o encontro de mãe e filho. Durante o desprendimento pelo sono, Zulmira foi levada até Júlio. O menino refazia-se da dolorosa experiência por que passara. Ali, ficou sabendo que o menino que fora seu enteado, mais tarde, fora o seu filho. Ali, entendeu a misericórdia e a justiça divinas, agindo em conjunto. Soube que Júlio, pelo sofrimento, quitara os enormes débitos adquiridos em vidas anteriores.

Meses depois, Júlio teve outra oportunidade de encarnação. Viria ao mundo através do casal Amaro e Zulmira. Desta vez, vinha lúcido e feliz. Estava liberto dos erros do passado; fazia planos e trazia tarefas a executar em sua nova oportunidade na carne. Não havia mais motivos para recapitular aquela tragédia que ficara distanciada no espaço e no tempo. Gozaria de boa saúde e poderia fazer largo uso do livre-arbítrio para decidir os rumos que iria tomar.

MÁRIO SILVA

Era um homem de seus trinta e cinco anos, enfermeiro de profissão. Fora noivo de Zulmira. Pretendia desposá-la, mas a moça preferiu casar-se com Amaro. Despeitado, Mário odiava o adversário com imenso rancor. Transferindo sua mágoa para além do sono, desdobrava-se revoltado, sempre disposto a enfrentar o rival para o desforço. Foi numa dessas noites que encontrou Leonardo Pires. Tinham sido amigos durante a Guerra do Paraguai, ambos militares. Na época chamava-se Esteves e tivera uma desilusão amorosa. Começou a freqüentar a casa de Leonardo e a cortejar-lhe a esposa. Logo, tinha a bela Lola Ibarruri em seus braços. Sabendo disso, Leonardo planejou sua morte e o envenenou. Não havendo mais rival, viveu com Lola por mais um tempo, abandonando-a em seguida.

Noutra noite, encontrou-se com Amaro. Regrediu novamente no tempo, voltando à mesma época. No quartel, os três amigos estavam sempre juntos: ele, Júlio e Armando. Apaixonou-se por Lina Flores e se casou com ela. Mas Lina era uma mulher volúvel e se tornou amante de Júlio. Esteves flagrou-os em adultério e foi embora. Tornou-se um homem sem escrúpulos e dado aos vícios. Tempos depois, ficou sabendo que Lina associara-se a Armando. Júlio não pôde suportar a decepção amorosa e tentou envenenar-se. Sobreviveu, mas suicidou-se nas águas do Rio Paraguai. Nessa noite, ficou sabendo que Lina Flores estava encarnada como Zulmira, que o abandonara por duas vezes. Ficou sabendo também que tinha uma dívida para com Leonardo e Lola e que deveria dar-lhes condições de se reajustarem perante a vida.

Mário levava uma vida interior conturbada, o que não interferia na sua competência profissional. Era um

Pessoas de André 139

enfermeiro dedicado. Por isso, às vezes, o pediatra o incumbia de trabalhos de assistência fora do hospital. Naquela noite, Mário foi visitar a residência de dona Antonina, jovem viúva, mãe de três filhos. Sua filhinha menor, Lisbela, tinha pneumonia. Mário sentiu uma estranha atração por aquela mulher ainda jovem. Não podia imaginar que ela não era outra senão Lola Ibarruri, a companheira do passado. Mas agora tudo se mostrava diferente. Nada de irresponsabilidades. Antonina era uma mulher séria e trabalhadora, dedicada ao lar e aos filhinhos. Foi visitando-lhe o lar que o moço conheceu o culto do Evangelho e teve os primeiros contatos com o Espiritismo.

Naqueles dias, o enfermeiro foi requisitado para prestar atendimento a um menino com suspeita de ter contraído crupe. Para seu espanto e indignação, encontrou o doentinho na casa de seus desafetos Amaro e Zulmira. Mário oscilou entre dois pensamentos contrários. Por um lado, desejava ardentemente a morte do garoto, pois sabia que os pais muito sofreriam com isso. Por outro, lembrava os ensinamentos evangélicos ouvidos na casa de Antonina. Esses ensinamentos conclamavam à necessidade de misericórdia e perdão. Mário efetuou os procedimentos de praxe, aplicando o soro antidiftérico na criança, porém, em seu pensamento o ódio desfechava negros fluidos sobre o paciente. A Espiritualidade anulava o efeito maléfico das emanações do enfermeiro, mas a doença era fatal, e Júlio entrou em coma. Desencarnaria ao amanhecer.

Aqueles fluidos deletérios voltaram para o próprio emissor e, por isso, Mário ficou doente. Sentia-se culpado pela morte da criança. Passou o dia todo acamado em enorme perturbação. E assim permaneceu até a tarde

140 Isabel Scoqui

seguinte, quando resolveu procurar Antonina e conversar com ela.

As palavras de Antonina tiveram o poder de reerguê-lo. E ainda mais, convenceram-no a visitar o lar de Amaro, numa atitude de solidariedade ao difícil momento que a família atravessava. Acompanhado pela jovem viúva, Mário foi recebido com toda consideração pelo dono da casa. Encontraram, porém, Zulmira num lamentável estado de saúde. Após a morte do filhinho desinteressara-se pela vida, recusando até o alimento. De nada lhe adiantavam os remédios receitados pelo médico. O enfraquecimento progressivo a colocara em perigosa situação orgânica. Era preciso fazer alguma coisa.

Mário telefonou para o médico e conseguiu um procedimento de emergência naquele lar. Providenciou uma transfusão de sangue, para a enferma, sendo o próprio doador. A transfusão trouxe significativos resultados. Para Zulmira, seria o retorno das forças orgânicas. Para Mário, acabar-se-iam as inquietações, pois se sentiu reabilitado perante a sua consciência. Para todos, uma sólida amizade floresceu.

Mário percebeu que já não podia viver sem a presença de Antonina e das crianças, a quem consagrara verdadeiro afeto. Expôs os seus sentimentos e a moça aceitou o seu pedido de casamento. A cerimônia ocorreu na residência dos novos amigos Amaro e Zulmira. Aqueles que estiveram separados pela animosidade agora partilhavam uma convivência agradável e sincera.

Alguns meses depois, Antonina engravidou. Era Leonardo quem voltava à vida física. Restituiria ao avô e associado do destino o tesouro do corpo terrestre. O seu lar seria o caminho de regeneração de tantos erros do passado. Lugar de reaproximação de desafetos, de pagar os débitos

Pessoas de André

que aprisionam aos círculos inferiores da vida. A mulher que gerara o ciúme e o crime agora reaproximava duas almas, em conflito, para a reconciliação.

Nos Domínios da Mediunidade

LIBÓRIO DOS SANTOS

Três guardas espirituais adentraram a sala, do Centro Espírita, conduzindo infeliz irmão ao socorro do grupo. O infortunado caminhava como surdo-cego, impelido por forças que não podia identificar. Desconhecia completamente a sua real situação como qualquer alienado mental em estado grave. Fora removido de um ambiente, em que se demorava havia muito tempo, na condição de desventurado obsessor. Tendo desencarnado em plena vitalidade orgânica, com o pensamento enovelado à paixão de uma mulher, passou a vampirizar-lhe o corpo. Adaptando-se ao organismo hospedeiro, nele encontrou um novo instrumento de sensação, vendo por seus olhos, ouvindo por seus ouvidos, muitas vezes falando por sua boca e vitalizando-se com os alimentos comuns por ela utilizados. Viveram nessa simbiose, por quase cinco anos, porém a moça subnutrida e perturbada começou a apresentar graves desequilíbrios orgânicos. Em razão da enfermidade, a moça solicitou o concurso assistencial da Casa, o que os levou a programar um duplo socorro. Foi necessário afastá-lo, para que a moça pudesse curar-se das fobias que a assaltavam e que eram oriundas da mente dele.

O sofredor foi colocado ao lado de d. Eugênia para que pudesse se manifestar através da psicofonia. O mentor da casa ministrou passes na glote e no córtex cerebral da médium. O visitante justapôs-se ao equipamento mediúnico, porém a médium desdobrada permanecia à distância de poucos centímetros, mantendo o controle da situação. Ainda que o comunicante se apropriasse provisoriamente do mundo sensório da médium, conseguindo enxergar, ouvir, raciocinar com algum equilíbrio, por intermédio das energias dela, Eugênia comandava firme, como uma enfermeira que concorda com os caprichos do doente com a finalidade de auxiliá-lo. Reservava-se o direito de corrigi-lo em qualquer inconveniência.

Nas condições, em que se encontrava, Libório tinha o cérebro perispirítico dilacerado que, por algum tempo, ainda se mostraria lesado em expressivos centros do raciocínio. Porém, ao contato das forças nervosas da médium, pôde reviver os próprios sentidos. Queixou-se das cadeias que o prendiam, que, em verdade, decorriam da contenção cautelosa de Eugênia. Questionou o local e os motivos de estar ali, ameaçou, ironizou. Com muita paciência, o senhor Silva acolheu o hóspede sem estranheza ou irritação. Estabeleceu um diálogo suave, permeado de compaixão e interesse paternal. O obsessor revelou-se menos agressivo, ocasião que Silva achou propícia para orar.

O visitante chorou. Não eram as palavras da prece que o convenciam, mas sim o sentimento que delas se irradiavam. Pressentindo os sinais de iminente renovação, um dos irmãos espirituais trouxe uma tela de gaze tênue. O mentor espiritual manobrou pequena chave e o tecido se cobriu de leve massa fluídica, de cor branquicenta e vibrátil. Instado a apelar para a memória, Libório fixou a tela, que passou a exibir variadas cenas, onde o protagonista era ele mesmo.

Era noite. Ouvia-se um burburinho de algazarra à

Pessoas de André   145

distância. Era carnaval. Sua mãe velhinha chamou-o à cabeceira e pediu-lhe assistência. A pobre não tinha outra pessoa a quem apelar. Parecia uma criança atemorizada, declarava-se receosa da solidão, pois se sentia morrer. Contemplou-o, ansiosa, e rogou-lhe que ficasse... Libório afirmou que sairia por alguns minutos, o bastante para lhe trazer medicamentos. Aproximou-se de uma gaveta, em aposento próximo, e apropriou-se do único dinheiro que a enferma dispunha. Amigos espirituais, daquele lar, abeiraram-se dele, implorando o socorro em favor da doente, quase moribunda, mas ele se mostrava impermeável a qualquer sentimento de compaixão. Em plena via pública, imantou-se a entidades turbulentas, hipnotizadas pelo vício. Por três dias e quatro noites arrastou-se no prazer, entregando-se à loucura, esquecido de todas as obrigações. Retornou somente na madrugada da quarta-feira, sentindo-se estafado e semi-inconsciente...

A velhinha fora socorrida por braços anônimos e não o reconhecia mais. Aguardava, resignadamente, a morte. Libório se encaminhou para um dos quartos dos fundos. Desejava tomar um banho que o auxiliasse a se refazer. Abriu o gás e sentou-se por alguns minutos. A fadiga surgiu tão violenta que, sem perceber, dormiu semi-embriagado. As emanações tóxicas cadaverizaram-lhe o corpo, que perdeu a existência. Na manhã seguinte, um rabecão levou-o ao necrotério como simples suicida...

Reconhecendo verdadeiras as cenas que sua própria memória projetara, o comunicante mergulhou em tão grande crise emotiva que o mentor espiritual do grupo se apressou em desligá-lo da médium, entregando-o aos vigilantes para que fosse convenientemente abrigado em organização próxima. Libório seguiu em fundo processo de transformação, enquanto Eugênia voltava à posição normal.

Um imprevisto, porém, veio interferir na recuperação do desencarnado. Chegaram notícias de que a mulher, antes vampirizada por ele, passou a atormentá-lo, reclamando de sua ausência. Apesar de ter procurado a Casa Espírita em busca de socorro, a moça acostumara-se ao regime de escravidão mútua, em que obsessores e obsidiados se nutrem das emanações uns dos outros. Era um caso de perseguição recíproca.

O doente exibia o semblante dos loucos, parecendo registrar o despencar de tempestade interior, pavorosa e incoercível. Tudo indicava que a irmã se apoderara daquela mente, dominando e afligindo-a.

Não demorou muito para que a pobre mulher, desligada do corpo, aparecesse, reclamando feroz. Acusava-o de tê-la abandonado e insistia que ele retornasse ao seu convívio. Libório reagiu àquela presença com a satisfação de uma criança contente. Alguma coisa precisava ser feita, pois os benefícios, que ambos tinham recolhido, seriam eclipsados pela vigorosa fascinação que um exercia sobre o outro. Então, d. Celina, médium que ali se encontrava em serviço, avançou para a mulher, com simplicidade, e implorou que deixasse o enfermo repousar. A interlocutora não suportou o olhar doce e benigno da abnegada trabalhadora e, não a reconhecendo como integrante do grupo a que se associara, cedeu a uma intensa crise de ciúme. Gritou palavras amargas de despeito, alegando traição, e abandonou o recinto em desabalada carreira.

Libório mostrou evidente contrariedade, porém os amigos espirituais aplicaram-lhe passes, restituindo-lhe a calma.

Provavelmente a pobre mulher iria acordar no corpo carnal, lembrando de ter sonhado com Libório. Lembraria que, ao seu lado, havia uma companheira, pintando um quadro de impressões distorcidas pelo ciúme. Ressentida

Pessoas de André

pelo despeito, não o procuraria. Daria tréguas valiosas e o tempo necessário para o tratamento de ambos. A Bondade Divina é tão grande que até os nossos sentimentos menos dignos são aproveitados em nossa defesa.

JOSÉ MARIA

Um pobre Espírito dementado adentrou o recinto. Lembrava um nobre antigo. Uma massa escura e viscosa cobria-lhe a roupagem e emanava mal-cheiro. Apresentava horrenda fisionomia, onde se percebia a frieza, a malignidade, a astúcia e o endurecimento. Trazia um chicote, que estalava ao mesmo tempo em que proferia agressivas exclamações. Fora um fazendeiro desumano. Desencarnara nos últimos dias do século XVIII, mas ainda conservava a mente estagnada no próprio egoísmo. Nada percebia senão os quadros interiores, criados por ele mesmo, onde figuravam escravos, dinheiro e lucros da antiga propriedade rural onde estacionara o pensamento. Detentor de vastíssimo latifúndio, possuíra larga legião de servidores que lhe conheceram de perto a tirania e a perversidade. Os escravos, que fugiam e eram arrebatados dos quilombos, eram algemados ao tronco de martírio e tinham os olhos queimados. Alguns, depois do suplício, eram entregues às mandíbulas de cães bravios. Com semelhante sistema de repressão, instalou terror em torno de seus passos, ganhando fama e riqueza.

Porém, vindo a falecer, encontrou muitos desafetos, que se converteram em vingadores do passado a lhe infligir aflitivo pavor. Confuso e escorraçado, não percebeu que fora transportado em outro modo de vida pela morte. Acreditava-se encarcerado pelas próprias vítimas, vivendo martirizado pela lembrança das atrocidades que comandara, reduzido à extrema cegueira por desarranjo na faculdade da visão do corpo perispiritual. Convertera-se em um parasita inconsciente das almas reencarnadas que lhe foram queridas no Brasil-Colônia. O forasteiro foi acomodado junto a uma médium, d. Celina. Deveria manifestar-se através dela. O contraste entre ambos era evidente. O primeiro envergava uma vestimenta pestilenta, enquanto a trabalhadora emanava de si luminosa auréola. Mas não havia com o que se preocupar. O amigo dementado entrara naquele templo com a supervisão e o consentimento dos mentores da casa. Além do mais, não era preciso temer os fluidos de natureza deletéria, porque a luz espiritual os fustiga e desintegra. Os raios luminosos da mente orientada para o bem, incidem sobre as construções do mal, à feição de descargas elétricas, anulando-as.

Como que atraído por vigoroso ímã, o sofredor colou-se à organização física da médium, instintivamente. D. Celina, porém, permanecia ao lado. Dava-lhe a oportunidade de manifestação, mas exercia criterioso controle, impedindo-o de externar atos de violência ou proferir impropérios. Sendo imensamente inferior a ela, a entidade não a podia resistir. Dela partiam fios brilhantes, a envolvê-lo inteiramente, agindo na condição de mãe generosa. Auxiliava o sofredor, que por ela se exprimia, qual fosse frágil protegido de sua bondade.

O senhor Raul Silva, mesmo assediado pelas reclamações e reprimendas proferidas pelo manifestante, adiantava-se na doutrinação, até que o ex-tirano rural cedeu e começou a assimilar algumas réstias de luz. Pouco depois, José Maria já se apresentava mais renovado, aceitando o serviço da prece e conseguindo verter algumas lágrimas, ocasião em que foi removido para organização socorrista distante.

Pessoas de André 149

PEDRO

O cavalheiro doente viera em busca de socorro no Centro Espírita. Parecia incomodado e aflito. Junto a ele, uma senhora de cabelos grisalhos, sua própria mãezinha. Sendo permitida a passagem, uma entidade evidentemente aloucada atravessou as linhas vibratórias de contenção. Parecia ter a visão centralizada no doente, porque nada mais fixava além dele. Alcançou-o. O irmão encarnado desfechou um grito agudo e caiu desamparado. A velha mãezinha mal teve tempo de suavizar-lhe a queda espetacular.

O dirigente dos trabalhos, senhor Silva, determinou que o rapaz fosse levado para um leito em câmara próxima, isolando-o da assembléia. D. Celina foi incumbida de sua assistência.

Pedro e o obsessor, que o jugulava, pareciam, agora, fundidos um no outro. Eram dois contendores engalfinhados em luta feroz.

Pedro trazia a face transfigurada por extrema palidez, os músculos rijos, os dentes cerrados. Completando o quadro, a rigidez do corpo se fez sucedida por estranhas convulsões e seus olhos se moveram em reviravoltas contínuas. As faces tornaram-se congestas e avermelhadas. A respiração difícil. Fitando o companheiro encarnado, dava para concluir que sofria um ataque epiléptico.

O insensível perseguidor se apossara do corpo da vítima. Pronunciava duras palavras. D. Celina percebera a gravidade da situação e tentava estabelecer um entendimento com o verdugo, mas em vão. O outro externava forte desejo de desforra, queria fazer justiça com as próprias mãos.

A luta vinha de muito longe. Na metade do século XIX, Pedro fora um médico que abusara da missão de curar,

150 Isabel Scoqui

afeito a atitudes menos dignas. O perseguidor, que agora lhe dominava as energias, fora seu irmão consangüíneo. Pedro desejava seduzir a esposa do irmão. Para isso, insinuou-se de diversas formas. Além de prejudicá-lo em todos os seus interesses econômicos e sociais, inclinou-o à internação em um hospício, onde o perseguido aparvalhado e inútil encontrou a morte. Desencarnando e encontrando-o na posse de sua mulher, desvairou-se no ódio, martelando a existência de ambos. Aguardou-os além túmulo, onde os três se reuniram em angustioso processo de regeneração. A companheira, menos culpada, foi a primeira a retornar ao mundo, onde mais tarde recebeu o médico delinqüente nos braços maternais, como seu próprio filho, purificando o amor de sua alma. A presente encarnação fora-lhe uma bênção. Já os encontros entre os contendores ficavam mais espaçados, e o sofrimento de Pedro, em grande parte, se dava por causa das lesões que ainda trazia em importantes centros do corpo perispirítico.

Pedro permanecia sem qualquer domínio sobre si mesmo. Todas as células do córtex sofriam o bombardeio de emissões magnéticas de natureza tóxica. Os centros motores estavam desorganizados. Todo o cerebelo estava empastado de fluidos deletérios. As vias de equilíbrio totalmente perturbadas. Não dispunha, portanto, de controle para se governar ou memória para assinalar a ocorrência. Isso, porém, no setor da matéria densa, porque, em Espírito, arquivava todas as particularidades da situação, de modo a enriquecer o patrimônio das próprias experiências.

Presenciava-se ali um ataque epiléptico, segundo a definição da medicina terrestre. Entretanto, no plano espiritual, poderia ser classificado como um transe mediúnico de baixo teor, onde duas mentes desequilibradas se encontravam presas nas teias do ódio recíproco. Nesse ínterim, d. Celina percebeu a dificuldade em atingir o

Pessoas de André — 151

obsessor com a palavra falada. Formulou vibrante prece, com o auxílio do orientador espiritual. As frases da prece libertavam jatos de força luminosa e envolviam, em sensações de alívio, os participantes do conflito. O perseguidor, como que anestesiado, desprendeu-se da vítima, que repousou, enfim, em sono profundo e reparador.

Os socorristas conduziram o obsessor semi-adormecido a um local de atendimento de emergências. Para que o caso tivesse uma solução definitiva, seria forçoso que Pedro desenvolvesse recursos pessoais no próprio reajuste e que o irmão atraiçoado, de outro tempo, encontrasse forças para se modificar, renunciando ao ódio a que se rendeu inadvertidamente.

ANTÔNIO CASTRO

Castro estava profundamente concentrado. O dirigente espiritual dos trabalhos da Casa Espírita impôs-lhe as mãos, aplicando-lhe passes de longo circuito. O médium adormeceu devagarinho. De seu tórax, emanava com abundância um vapor branco que se transformou, à esquerda do corpo denso, numa duplicata do médium, em tamanho um pouco maior. Continuava ligado ao campo somático por um cordão vaporoso. Clementino, o trabalhador espiritual, renovou as operações magnéticas, e Castro recuou, justapondo-se ao corpo físico. Esse contato apresentou um fenômeno singular: o corpo físico absorveu certas irregularidades antes apresentadas no perispírito. O corpo espiritual, então, apresentou-se sem qualquer deformidade, leve e ágil. Castro-Espírito pôde, então, movimentar-se no outro plano de vida.

André e Hilário não entenderam o que estava acontecendo. Então Áulus, o orientador, tratou de explicar o fenômeno: disse que, a princípio, o perispírito ou corpo astral do médium estava revestido com eflúvios vitais que asseguram o equilíbrio entre a alma e o corpo de carne. Que esse conjunto era chamado duplo etéreo, formado por emanações neuropsíquicas que pertencem ao corpo fisiológico, não podendo, portanto, afastar-se da organização terrestre, por ser passível de desintegração. Uma vez que o corpo absorveu semelhantes eflúvios, o moço poderia se deslocar espiritualmente sem perigo. Castro era iniciante no serviço mediúnico, por isso dependia da ajuda fluídica de Clementino para se desdobrar convenientemente.

O médium, mais à vontade fora do corpo denso, recebeu instruções para o desempenho da tarefa que iria executar. Dois guardas se aproximaram e puseram um capacete sobre sua cabeça. Essa era uma medida para lhe reduzir a capacidade de observação, para que os estímulos exteriores interferissem minimamente no trabalho a executar. O rapaz lançou-se ao espaço, de mãos dadas com os vigilantes.

Demonstrando manter segura ligação com o veículo carnal, Castro narrava as experiências através da boca física. Falou sobre o medo que sentira ao atravessar escuras paragens povoadas por formas desconhecidas. Só conseguiu prosseguir porque foi amparado pelo grupo em prece, que rogava, ao Alto, forças multiplicadas ao irmão em serviço. Finalmente, o trio rompeu a barreira das trevas. Penetraram um grande parque de uma cidade iluminada. Narrou, então, emocionado o encontro com o Oliveira.

Oliveira fora um abnegado trabalhador naquele santuário do Evangelho. Desencarnara há dias, permanecia em refazimento e ainda não estava apto à comunicação mais íntima com os irmãos que ficaram. Com o consentimento dos orientadores, Castro foi até o amigo para lhe apresentar as afetuosas saudações dos companheiros. Colocou-se à disposição do desencarnado para se fazer intermediário

Pessoas de André   153

junto ao grupo amigo. Oliveira deu o seu recado, e o médium retransmitiu. Contou estar bem na condição de convalescente, agradeceu pelas preces que o haviam alcançado toda a noite, como projeção de flores e bênçãos. Expressou sua gratidão, pedindo ao Pai que os recompensasse. Estimulou-os à caridade e ao trabalho sob as graças de Jesus.

Pouco depois, a voz de Castro apagou-se-lhe dos lábios. Regressava, amparado pelos irmãos, que o haviam conduzido, retomando o corpo denso com naturalidade. O desdobramento em serviço estava findo e a tarefa terminada.

ANÉSIA

Anésia, devotada companheira de uma instituição espírita, sorvia o fel de dura prova. Além das preocupações naturais com a educação das três filhinhas e com a assistência imprescindível à mãezinha doente, sofria tremenda luta íntima, uma vez que Jovino, seu esposo, vivia agora sob a estranha fascinação de outra mulher.

Seu marido esquecera-se das obrigações no santuário doméstico. Mostrava-se desinteressado da companheira e filhas. Vivia dominado pelos pensamentos da nova mulher que o enlaçara na armadilha de mentirosos encantos. Em casa, no trabalho, nas vias públicas, sempre ela a assenhorear-lhe a mente desprevenida. Transformara-se em um mísero obsediado, sob a constante atuação da criatura que lhe anestesiava o senso de responsabilidade para consigo mesmo.

A família estava reunida para o jantar. Anésia, jovem senhora, servia a um cavalheiro maduro, ladeado pelas três filhas, sendo a mais velha uma adolescente de quatorze a quinze anos. Embora a palestra familiar se desdobrasse calorosa, o dono da casa parecia contrafeito. Marcina e Marta, as mais velhas, comentavam episódios engraçados ocorridos no bazar de quinquilharias onde trabalhavam juntas. Anésia se esforçava para contentar a todos. Terminada a refeição, a dona da casa arrumou a copa e a cozinha, enquanto o marido se esparramava em uma poltrona, lendo jornais.

Reparando que o esposo se preparava para sair, Dona Anésia pediu ao companheiro que regressasse mais cedo para participar da prece familiar a favor da tranqüilidade doméstica. Exibindo estranho sorriso, Jovino alegou compromissos inadiáveis, pois estava a estudar um excelente negócio. Neste instante, surpreendente imagem de mulher surgiu-lhe à frente dos olhos, qual se fosse projetada sobre ele à distância, aparecendo e desaparecendo com intermitências. Após esse fenômeno de dominação telepática, Jovino se fez mais enfadado, zombando da atitude religiosa da esposa que, silenciosa, viu-o bater a porta sobre os próprios passos e retirar-se.

Anésia, humilhada, caiu em pranto sobre a velha poltrona. Pensava na mulher por quem o marido se apaixonara, pensava nas dívidas, trabalhos e canseiras. A casa estava hipotecada e sua mãe às vésperas da morte. As filhas, ainda tão jovens, lançadas à luta pela própria sobrevivência. Enquanto refletia, Anésia pôde perceber a projeção da mesma figura de mulher, que surgira à frente de Jovino. A dona da casa não via, com os olhos, a estranha e indesejável visita, mas assinalava-lhe a presença, sentindo um mal-estar indefinível. Da meditação pacífica, passou a tormentosos pensamentos. À medida que pensava na outra, em termos de revide, a imagem da rival projetava-se com mais intensidade, quase a se corporificar no ambiente. Travou-se, entre ambas, uma acirrada contenda mental. Lembranças amargas, palavras duras, recíprocas acusações. A esposa atormentada passou a sentir desagradáveis

Pessoas de André

155

sensações orgânicas. Os pensamentos de revolta e amargura causavam-lhe desequilíbrio físico e colocavam em risco a sua saúde. A dominação telepática é um fenômeno comum. A influenciação de almas encarnadas, entre si, às vezes alcança o clima de perigosa obsessão. Muitas vezes, adversários ferrenhos do passado se encontram, chamados pela Esfera Superior ao reajuste. Milhões de lares podem ser comparados a trincheiras de luta, em que pensamentos guerreiam pensamentos, assumindo as mais diversas formas de angústia e repulsão. O pensamento exterioriza-se e projeta-se, formando imagens e sugestões que arremessa sobre os objetivos que propõe atingir. Quando benigno e edificante, cria harmonia e felicidade; quando desequilibrado e deprimente, estabelece aflição e ruína.

Jovino rendeu-se facilmente à dominação telepática, e, considerando-se que marido e mulher respiravam em regime de influência mútua, Anésia também era afetada pelo fenômeno, que a atingia de modo lastimável, pois ainda não sabia imunizar-se com os benefícios do perdão incondicional.

Vinte horas, o momento preciso das preces junto à mãezinha doente. Anésia, apesar de tudo, precisava cumprir o seu dever.

Em estreito aposento, uma senhora, com mais ou menos setenta anos de idade, acusava aflitiva falta de ar. Ao lado da enferma, uma entidade de aspecto desagradável imantava-se a ela, agravando-lhe os tormentos físicos. Anésia sentou-se rente à enferma e pronunciou sentida prece. À medida que orava, funda modificação se lhe imprimia ao mundo interior. A tristeza, que lhe dilacerava a alma, desaparecia ante os raios de branda luz a se lhe exteriorizarem do coração. Vários desencarnados sofredores penetraram o quarto, parecendo doentes em busca de medicação. Aderiam à oração, cujo sublime poder esparzia esclarecimento e consolo, amparo e benefício. Terminado o serviço da prece, Anésia estirou-se ao lado da mãezinha. A Espiritualidade amiga socorreu-a com passes sobre a cabeça. Em breves instantes, rendeu-se ao sono.

Obcecada que estava pelo problema com o marido, a jovem senhora, assim que se desligou do corpo físico, quis ver o esposo. Os Espíritos amigos resolveram satisfazê-la e a acompanharam. Superando obstáculos e distâncias, encontrou o marido num clube noturno. Ele encontrava-se acompanhado pela mulher, que se apresentava nos fenômenos telepáticos, em atitudes de profunda intimidade afetiva. O anedotário menos edificante prendia as atenções. Várias entidades inferiores participavam da bulhenta reunião, formando vicioso círculo de vampiros.

Ao defrontar com o companheiro na posição em que se achava, Anésia desferiu doloroso grito e caiu em pranto. Recuou ferida de aflição e assombro.

Na via pública, foi abordada pelos amigos espirituais. Conversaram longamente. Fizeram-na entender que o passado, freqüentemente, nos chama ao reajuste. Que nossas provações têm finalidade redentora, e que, às vezes, não somos fortes o suficiente para resistir aos embates da vida. Era necessário, pois, por mais aflitiva que lhe fosse a lembrança daquela mulher, recordá-la em suas preces e meditações. Tratava-se de uma irmã necessitada de assistência fraterna. Ainda que tudo parecesse conspirar contra a sua felicidade, deveria ajudar e amar sempre, porque o tempo se incumbiria de expulsar as trevas que a visitassem, à medida que se lhe aumentasse o mérito moral.

Anésia despertou no corpo carnal, de alma renovada, quase feliz. Conseguia lembrar apenas alguns fragmentos do contato que tivera com a Espiritualidade. Mas reconhecia-se confortada e feliz, sem revolta ou amargura. Profundo

Pessoas de André 157

entendimento do bem agora lhe brotava do Espírito. Recordou Jovino e a mulher que o hipnotizava, compadecidamente, como pessoas a lhe exigirem tolerância e piedade. A compreensão da irmã superara o desequilíbrio da mulher. Na noite seguinte, d. Elisa, mãe de Anésia, piorou. A resistência física extinguia-se, e o delírio a desnorteava. Declarava-se perseguida por um homem que queria abatê-la a tiros, clamava pelo filho que partira havia muito para o plano espiritual, afirmava ver serpentes e aranhas ao pé do leito. Chamou a filha para perto de si e afirmou sentir a presença de Olímpio. Mediante a insistência daquela mãe em evocar a presença do filho desencarnado, Anésia compreendeu que era possível mas não desejável a presença do irmão naquele momento decisivo e convidou a mãezinha ao serviço da prece.

Olímpio, o rapaz assassinado noutro tempo, jungia-se à mãe, à maneira de planta parasitária asfixiando mirrado arbusto. Embora a mãezinha, em sua afetividade, supusesse que o filho era um anjo guardião, a realidade era outra. O infeliz deixara-se dominar pelo vício da embriaguez e, numa noite de insânia, caíra abatido pelo revólver de um companheiro tão desvairado quanto ele mesmo. Desligado do veículo carnal e já apresentando sintomas do *delirium tremens*, não teve forças para mentalizar a própria recuperação. Os insistentes chamamentos maternos trouxeram-no para junto da moribunda. Esta, num estado de passividade profunda, submeteu-se ao domínio do rapaz, cujo desequilíbrio alterou-lhe a atividade mental e fê-la padecer juntamente com o filho as alucinações comuns às vítimas do alcoolismo crônico.

A Espiritualidade utilizou-se de avançado potencial magnético da prece para desligar o rapaz da enferma. Tão logo ocorreu a separação entre ambos, Elisa entrou em absoluto estado de prostração. A atuação do filho desencarnado alimentava-lhe a excitação mental, e, com a sua ausência, a doente ficou confinada às energias que lhe eram próprias. Entrou finalmente em estado de agonia. Teve a noção de que chegara a hora de sua morte. Como um relâmpago, reviu apressadamente o passado. As cenas de infância, da mocidade e da madureza brotaram da memória, como que a convidá-la a fazer um exame de consciência. Queria, mas não pôde se entender com sua filha. Então, desejou despedir-se da velha irmã que residia a longa distância. Com extremo esforço, projetou-se no meio espiritual, mantendo-se ainda ligada ao veículo físico por um laço de prateada substância. Um só pensamento lhe predominava no Espírito: dizer adeus à única irmã consangüínea que lhe restava sobre a Terra. Sustentada pela própria obstinação, Elisa volitou. E dezenas de quilômetros foram vencidas instantaneamente.

A desencarnante encontrou a irmã adormecida. Despertou-a com pancadas no leito. Assim que conseguiu acordá-la, passou a falar-lhe atormentadamente. A irmã de d. Elisa não escutava pelos condutos auditivos, mas pensamentos remoinhavam-lhe ao redor da cabeça. Compreendeu que a irmã viera despedir-se no momento da morte.

Após se liberar do anseio que lhe inquietava o campo íntimo, d. Elisa voltou à casa. Quis reaver o corpo físico, mas não foi possível. Flutuou sobre o leito, ainda ligada aos despojos pelo cordão prateado. Sentia a alma opressa e resistia ao enorme cansaço que exigia repouso. Estava confusa e não sabia definir se estava viva dentro da morte ou se estava morta dentro da vida. Aguardava a chegada dos amigos especializados no serviço da libertação última. Cabia a eles o toque final daquela existência terrestre.

Anésia, apesar de tanto infortúnio, estava fortalecida pela prece. As dificuldades presentes não tinham se alterado.

Jovino continuava em perigo, a casa prosseguia ameaçada em seus alicerces morais, a velhinha ausentara-se pela morte, entretanto, a nossa irmã recolhera expressivo coeficiente de energias para aceitar as provações, vencendo-as com paciência e valor. E um Espírito transformado, naturalmente, transforma as situações.

AMÉRICO

A convulsão o pegara desprevenido e não fosse a poltrona, que lhe amorteceu a queda, seria brutalmente arrojado ao chão. Gemia como se estivesse sufocado. Não longe, duas entidades desagradáveis reparavam-lhe os movimentos sem, contudo, interferir magneticamente na agitação nervosa de que se fazia portador.

Antes da presente encarnação, Américo vagueara, por muitos anos, em desolada região das trevas. Ali, fora vítima de hipnotizadores cruéis, com quem se sintonizara, através da delinqüência praticada em sua vida anterior. Sofreu intensamente e voltou à Terra, trazendo certas deficiências em seu organismo perispiritual. Recebeu um lar onde sua mãe o acolheu com heroísmo e onde seu pai, um companheiro antigo de insânia, procurava a própria recuperação, através de amargosas provas.

Aos sete anos da nova experiência terrena, quando se lhe firmou a reencarnação, sentiu-se tomado pela desarmonia trazida do mundo espiritual. Desde então, sofreu o contato indireto de companhias inferiores que aliciara em outras vidas. Ao experimentar a vizinhança desses amigos transviados, com quem convivera largamente, entregava-se a perturbações, refletindo-lhes a influência nociva. De médico em médico, passou por tratamentos que não lhe proporcionaram resultados práticos. Algemado à perturbação em que se enleara, supunha haver nascido fadado ao fracasso. Não se acreditava capaz de qualquer serviço nobre. Embora mal passasse da casa dos trinta anos, seu aspecto era de um velho, quando poderia mostrar-se em pleno vigor juvenil. Terminada a convulsão, Américo ainda tremia. Mostrava-se pálido, suarento e desmemoriado. Por isso, os amigos espirituais aplicaram-lhe recursos magnéticos, mas ele continuava anestesiado, quase inerte. Assim que foram encerrados os trabalhos no Centro Espírita, o moço dirigiu-se ao seu lar. Logo que chegou, foi para a cama e adormeceu. Pouco depois, surgiu desligado do corpo físico. Parecia amedrontado. Atravessou estreita câmara e achou-se frente a um velho paralítico. Queixou-se do medo e da solidão que o avassalavam. O ancião era Júlio, seu pai, que fora acometido de paralisia das pernas havia anos. Mesmo amarrado à cama, esforçava-se pela sobrevivência da família, executando trabalhos leves. A provação fê-lo refletir sobre a vida, encontrando consolo e esperança nos ensinamentos do Espiritismo. Parecendo escutar as queixas do filho, dirigiu-se em prece a Deus, pedindo-Lhe força e vontade para acatar Seus desígnios.

Naquele lar, a expiação em grupo apresentava-se rude e dolorosa. Em outra vida, o paralítico de hoje era o dirigente de um pequeno grupo de malfeitores. Conseguira convencer quatro amigos a acompanhá-lo nas aventuras delituosas, comprometendo-lhes a vida moral. Esses quatro companheiros eram agora seus filhos, que deveriam receber novas orientações. Desviara-os do caminho reto; deveria, então, recuperá-los para a estrada justa, ainda que para isso tivesse que enfrentar dolorosas restrições: Américo amargava problemas mentais, Márcio era cliente da embriaguez, Guilherme e Benício consumiam a mocidade em extravagâncias noturnas. Era sustentado, porém, pelo

Pessoas de André

devotamento heróico da esposa e pelo carinho de Laura, filha dedicada que lhe fora abençoada irmã noutra vida. Ambas traziam as energias necessárias para que o encontro daqueles Espíritos em regeneração não sucumbisse pelo insucesso. A influência dos encarnados entre si é habitualmente muito maior do se imagina. Muitas vezes, na existência carnal, os obsessores que nos espezinham estão conosco, respirando, reencarnados, no mesmo ambiente. Do mesmo modo há protetores que nos ajudam e que igualmente participam das nossas experiências de cada dia. Pertencendo a esta categoria, Laura e sua mãe eram o sustentáculo daquele lar. Américo deveria continuar freqüentando a Casa Espírita. Ali, consagrando-se à disciplina e ao estudo, à meditação e à prece, renovar-se-ia mentalmente, apressando a própria cura, vindo talvez, no futuro, a cooperar em trabalhos mediúnicos mais proveitosos.

A MOÇA DO ESPELHO

André, Hilário e o assistente Áulus atravessavam ruas e praças, quando se defrontaram com um museu. Achando que era um bom lugar para realizar interessantes estudos, o Assistente convidou-os a entrar. Passaram por longo portal e, no interior do edifício, repararam que muitas entidades desencarnadas iam e vinham. Muitos desses companheiros procuravam casas como aquelas pelo simples prazer de rememorar. Notaram que algumas preciosidades estavam revestidas de fluidos opacos, na qual transpareciam pontos luminosos. Áulus explicou que todos os objetos, que estavam emoldurados por substâncias fluídicas, se achavam fortemente lembrados ou visitados por aqueles que os possuíram.

Não longe, havia um curioso relógio, aureolado de luminosa faixa branquicenta. Ao tocá-lo, os nossos amigos perceberam, quase instantaneamente, uma linda reunião familiar. Um casal palestrava com seus quatro filhos jovens. Aquela peça fazia parte do mobiliário austríaco, que imprimia sobriedade e nobreza ao recinto agradável e digno. Ali vivera a família em século passado. O objeto conservava as formas-pensamento do casal que o adquirira e que, de quando em quando, visitava o museu para a alegria de recordar. O objeto era animado pelas suas recordações, pois ainda sustentavam fortes laços afetivos por aqueles com quem haviam compartilhado o recanto de paz.

Áulus explicou que o pensamento espalha nossas próprias emanações por toda parte a que se projeta. Deixamos vestígios espirituais, onde arremessamos os raios da nossa mente, assim como o animal deixa no próprio rastro o odor que lhe é característico, tornando-se, por esse motivo, facilmente abordável pela sensibilidade olfativa do cão. A faculdade de perceber esses vestígios espirituais é chamada Psicometria, palavra que designa a faculdade mediúnica de ler impressões e recordações ao contato de objetos comuns.

Logo após, depararam-se com uma primorosa tela do século XVIII, que não apresentava qualquer sinal de moldura fluídica. Por ela, não lhes foi possível estabelecer qualquer contato espiritual de natureza exterior. Pesquisada mais intimamente, encontraram algumas informações a respeito dos ingredientes que a constituíam. Entretanto não funcionava como "mediador de relações espirituais", por achar-se completamente esquecida pelo autor e provavelmente por aqueles que a possuíram.

Avançando mais além, encontraram dois cavalheiros e três damas que admiravam singular espelho, junto do qual se mantinha uma jovem desencarnada com expressão

Pessoas de André 163

de grande tristeza. Uma das senhoras pronunciou palavras elogiosas relacionadas com a beleza da moldura, e a moça, na feição de sentinela irritada, aproximou-se e tateou os seus ombros. A senhora, que tinha sensibilidade mediúnica, tremeu involuntariamente sob intenso calafrio. Falou ao grupo sobre suas impressões, e retiraram-se.

No passado, aquele espelho fora confiado à jovem por um rapaz que lhe prometeu casamento. Ele era filho de franceses asilados no Brasil, ao tempo da França Revolucionária de 1791. Chegara ao Rio quando ainda era menino e ali se fez homem. Encontrou aquela moça e conquistou-lhe o coração. Quando arquitetavam projetos de casamento, a família, animada com os sucessos de Napoleão, deliberou voltar à Europa. O moço pareceu desolado, mas seguiu com os pais. Despediu-se da noiva e lhe implorou que guardasse aquela peça de lembrança, até que voltasse e pudessem se unir para sempre. Porém, conheceu na França uma mulher que o encantou e não mais regressou. Depressa esqueceu responsabilidades e compromissos, tornando-se indiferente. A pobrezinha, no entanto, fixou-se na promessa ouvida e continuava a esperá-lo.

Hilário perguntou sobre a possibilidade de alguém vir a adquirir aquela peça. Essa pessoa arcaria com a presença da desencarnada? Áulus respondeu que a vida nunca se engana. Um dia ou outro, o moço que empenhara a palavra, provocando a fixação mental naquela pobre criatura, ou a mulher que o afastara dos compromissos assumidos, iriam àquele lugar. O reencontro do trio seria inevitável. Reencarnados, possivelmente a moça seria tomada por filha ou companheira no resgate do débito contraído.

Todos os problemas criados por nós não serão resolvidos senão por nós mesmos.

Ação e Reação

ANTÔNIO OLÍMPIO

Em uma mesa desmontável, um homem disforme descansava em decúbito dorsal. Respirava apenas. O aspecto do infeliz chegava a ser repelente, apesar dos cuidados de que fora objeto. Parecia sofrer hipertrofia; seus braços e pernas eram enormes. O desarranjo se fazia mais acentuado na fisionomia, onde todos os traços se confundiam. Era companheiro dificilmente identificável e fora trazido por uma das expedições socorristas. Era, certamente, uma pobre alma, que deixara o círculo carnal sob o império de terrível obsessão, não podendo ser recolhido pelas caridosas legiões que operam nos túmulos.

Druso explicou que aquele aspecto anormal, até monstruoso, resultara dos desequilíbrios dominantes na mente que, viciada por certas imposições ou vulcanizada pelo sofrimento, perdera temporariamente o governo da forma. O companheiro se achava sob terrível hipnose. Fora conduzido a essa posição por adversários temíveis, que, para torturá-lo, fixaram-lhe na mente alguma penosa recordação.

Compadecido, o mentor passou a operar magneticamente, aplicando passes dispersivos no companheiro em prostração. Com essa terapêutica, desintegrava as formas magnéticas que constringiam os centros vitais da criatura, ao mesmo tempo em que lhe ajudava a memória. Não convinha, entretanto, o imediato retorno à realidade. Poderia sofrer deplorável crise de loucura. Deveria conversar, qual se encontrava, com a mente enovelada à idéia fixa que lhe encarcerava o pensamento. Após receber passes na glote, o infeliz abriu os olhos esgazeados e começou a contar a sua desventura.

Identificou-se como Antônio Olímpio. Contou que, após a morte do seu pai, viu-se obrigado a partilhar a grande fazenda com dois irmãos mais novos. Planejava converter a propriedade em larga fonte de renda, porém seus irmãos tinham idéias diferentes das suas. A partilha o estorvava e, então, começou a urdir um projeto que acabou executando.

Quando o inventário ia prestes por concluir, convidou os seus irmãos para um passeio de barco. Inspecionariam grande lago daquele sítio. Antes porém, deu-lhes a beber um licor entorpecente. Quando verificou sinais de fadiga nos irmãos, percebeu que chegara o momento propício para executar o seu plano. Num gesto deliberado, desequilibrou a embarcação num trecho de águas profundas. Escutava-lhes os gritos de horror, implorando socorro. Não conseguiram nadar, pois tinham os nervos dormentes, e logo encontraram a morte. Ele, firme em seus propósitos, nadou de consciência pesada. Chegando à margem, narrou um acidente imaginário, com atitudes estudadas. Foi assim que se apossou da fazenda toda, legando-a mais tarde, a Luís, seu único filho. Foi um homem rico e tido por honesto. O dinheiro granjeou-lhe considerações sociais e privilégios públicos pela política.

O tempo passou. De quando em quando, lembrava do seu crime. Mas havia a suave companhia de sua esposa Alzira a amenizar as dores conscienciais. No entanto, assim que seu filho se fez jovem, sua esposa adoeceu gravemente. A

Pessoas de André

febre, que a devorara por semanas, levou-a à loucura. Numa noite de terror, ela se afogou no lago. Viúvo, perguntava a si mesmo se não se tornara joguete de suas próprias vítimas. Preferiu não pensar na morte e buscou gozar a fortuna que era sua.

Tão logo cerrou os olhos para a vida, seus irmãos, que supunha mortos, se fizeram visíveis à sua frente. Transformados em vingadores, atiraram o crime no rosto, cobriram-no de impropérios e flagelaram-no sem compaixão. Cansados de o espancar, conduziram-no a tenebrosa furna, onde foi reduzido ao pesadelo em que ora se encontrava. Em seu pensamento, via apenas o barco sinistro e ouvia os brados de suas vítimas, que soluçavam e gargalhavam estranhamente. Sentia-se preso à terrível embarcação, sem poder dela se desvencilhar.

A confissão trouxe algum alívio ao pobre homem, que, exausto, se arrojou a enorme apatia. Os amigos espirituais já sabiam o necessário para estabelecer um ponto de partida na tarefa assistencial.

Alguns dias depois, a instituição recebeu a visita do ministro Sânzio, que vinha de esferas mais altas. Nessas ocasiões, Druso e os assessores mais diretos recolhiam ordens e instruções variadas, atinentes aos processos de assistência aos tutelados. Vinte e dois casos foram estudados, sendo que o último deles reportava a Antônio Olímpio. Recordaram que esse enfermo vivera entregue à desvairada egolatria, conhecendo somente as suas conveniências. No entanto, tinha como atenuante o fato de ter sido bom pai e esposo, o que constituía um recurso vivo atuando em seu favor.

O ministro Sânzio pediu o comparecimento da irmã Alzira, que logo se materializou no local. Ela foi convidada a participar da obra socorrista atinente aos envolvidos naquele triste episódio. Assim que fosse ultrapassada a etapa inicial de assistência, caberia a ela colaborar na volta de Olímpio ao lar do próprio filho. Retornaria, em seguida, à carne, a fim de consorciar-se com ele e, em abençoado futuro, receberiam nos braços, como filhos do coração, Clarindo e Leonel, os irmãos espoliados, restituindo-lhes o que antes haviam perdido: a existência terrestre e os haveres.

Seis dias depois, Alzira visitou novamente a Mansão da Paz e desejou ver o marido enfermo. Avizinhando-se do leito e, ao vê-lo prostrado e inconsciente, foi tomada por imensa dor. Registrando-lhe a ruína mental, a notável mulher pediu permissão para orar junto ao esposo, o que foi concedido imediatamente. Alzira ajoelhou-se à cabeceira, aconchegou-o junto ao colo e, levantando os olhos lacrimosos para o Alto, clamou humilde e sentida prece. Dirigia-se a Maria, pedia a sua compaixão. Reconhecia-se participante indireta daquela tragédia e por isso apelava para que a Mãe Santíssima lhes advogasse a causa, permitindo que pudessem voltar à carne para expiar os seus erros.

A prece de Alzira logrou um êxito que as operações magnéticas de Druso não haviam conseguido alcançar. Antônio Olímpio descerrou as pálpebras e mostrou no olhar a lucidez dos que despertam de longo sono. Mas logo o doente foi restituído ao sono. A oração fizera-lhe um imenso bem, mas era conveniente que seu despertamento fosse gradativo. O sono natural e reparador ainda era uma necessidade em sua restauração positiva.

Antonio Olímpio, depois de breve reconciliação com os irmãos, deveria renascer dentro de dois ou três anos. Com o Espírito ainda sombreado pela angústia e arrependimento, ressurgiria no berço da família que ele prejudicou, pela prática da usura. Sua maior preocupação seria devolver aos irmãos espoliados a existência física, as terras e o dinheiro que deles furtara. Com o apoio de Alzira, receberia os irmãos prejudicados como filhos do coração, restituindo-lhes o que seria de direito.

LUÍS

Luís era o único filho de Antônio Olímpio e Alzira. Herdara, portanto, todos os bens da família. Inconformados com a morte prematura, os tios desencarnados passaram a explorar-lhe a usura, estabelecendo uma tremenda obsessão. O homem enamorara-se do ouro com tanta volúpia que, apesar de deter larga fortuna, submetia a esposa e os filhinhos às mais duras necessidades com medo de dissipar os bens.

Os obsessores providenciaram para que muitos usurários e tiranos rurais desencarnados fossem levados ao local, pois seus pensamentos giravam em torno da riqueza terrestre. Era uma estratégia para agravarem a sovinice do sobrinho. Luís só pensava em dinheiro. Acalentava um temor doentio de perder o que possuía e de situações que pudessem lhe trazer despesas inesperadas. Fugia deliberadamente à convivência afetiva, relaxara a própria apresentação individual e encravara-se em deplorável misantropia, obcecado pelo pesadelo do ouro que lhe consumia a existência.

Silas, André, Alzira e Hilário rumaram aos velhos sítios onde se desenvolvia o drama funesto. Eles depararam sólida construção em franca decadência, que demonstrava o desleixo de seus moradores. Entidades estranhas transitavam, absortas, nos grandes terreiros.

A irmã Alzira permaneceu no aposento em que Adélia e os filhinhos repousavam, enquanto os outros foram colher dados para melhor desempenhar a tarefa de socorro. Logo em seguida, penetraram um estreito compartimento, onde alguém contemplava maços de papel-moeda, acariciando-os com um sorriso malicioso. Era Luís que, desligado do corpo pela influência do sono, vinha afagar o dinheiro que lhe nutria as paixões. Ali, os visitantes foram abordados por

Clarindo e Leonel, os tios desencarnados. Silas conseguiu atrair-lhes a simpatia e travou conversação com ambos.

Os obsessores contaram que haviam sido vítimas de terrível traição por parte de um irmão infeliz, que pilhara os bens que lhe eram de direito. Consideravam a vingança justa e pretendiam levar a perseguição em frente até que a fortuna, da qual eram legítimos senhores, lhes fosse devolvida. Informaram que haviam aprendido técnicas de influenciação em uma organização mantida por Inteligências criminosas e que as utilizavam no desforço. Naquele caso específico, aproveitaram a tendência que o sobrinho nutria pela avareza, para dominá-lo completamente.

Em seguida, fizeram uma demonstração de como transmitiam idéias ao parente perseguido. Utilizando a vontade, Leonel mentalizou que propriedade vizinha iria ser vendida em leilão. Luís, desligado do corpo físico, registrou a forma pensamento como realidade e, como fosse de seu interesse adquirir aquele imóvel, dirigiu-se à fazendola vizinha, acreditando possuí-la finalmente e experimentando a volúpia de um faminto que contempla um prato saboroso.

A usura custar-lhe-ia, ainda, um alto preço. Nada que o dinheiro pudesse pagar. Sua fortuna seria transferida de mãos. E ainda que se emaranhasse nas teias do desespero e da revolta, seria constrangido a exercitar o desapego, a custo de muito sofrimento e renúncia.

DRUSO

Druso era diretor da notável escola de reajuste conhecida como Mansão da Paz. A instituição erguia-se em enorme casario, semelhante a uma vasta cidadela, instalada com todos os recursos de segurança e defesa, mantendo setores

Pessoas de André

de assistência e cursos de instrução, nos quais médicos e sacerdotes, enfermeiros e professores encontravam, depois da morte terrestre, aprendizados e quefazeres da mais elevada importância.

O estabelecimento, situado nas regiões inferiores, em zona castigada por natureza hostil, mostrava-se permanentemente envolto em treva espessa. Esse pouso acolhedor permanecia sobre a jurisdição de Nosso Lar. Fora fundado havia mais de três séculos, dedicando-se a receber infelizes ou enfermos, os quais estivessem decididos a trabalhar pela própria regeneração. Criaturas essas que se elevavam às colônias de aprimoramento na Vida Superior ou que retornavam à esfera dos homens para a reencarnação retificadora.

O diretor chegara havia cinqüenta anos. Penetrara na casa como enfermo grave, após o desligamento do corpo terrestre. Encontrou ali um hospital e uma escola. Assim que conseguiu melhoras, passou a estudar sua nova situação e tornou-se um servidor. Foi padioleiro, cooperador da limpeza, enfermeiro, professor, magnetizador e orientador da instituição, sob o comando de Instrutores que os dirigiam. Com muita humildade, afirmava que, naquelas trevas densas, só aportavam consciências que havia se entenebrecido no crime deliberado.

Druso dedicava algumas horas, duas vezes por semana, para conversar com os internos, que se mostravam pacíficos e lúcidos. Em seus comentários, dizia ser um companheiro que também ansiava a volta à Crosta terrena, uma vez que seu pretérito exigia reajuste. Afirmava que ninguém avança sem pagar as dívidas que contraiu. Aconselhava o socorro da prece e o concurso do braço fraternal, no preparo do regresso ao campo de luta. Não falava como quem ensinasse, teorizando. Estampava na voz a inflexão de quem trazia uma grande dor sofrida e se dirigia aos companheiros humildes, quais se lhe fossem filhos queridos ao coração. Druso nunca fora surpreendido num mínimo gesto em desacordo com o nobre e extenso mandato de que dispunha. Sabia ser firme sem rispidez, justo sem parcialidade, bondoso sem fraqueza. Valorizava não apenas o conselho dos grandes Espíritos, mas também os votos humildes dos míseros sofredores que lhe batiam à porta. Enfim, não se circunscrevia ao venerável mister do administrador central; era o conselheiro devotado de todos os assessores, o médico dos internados, o mentor das expedições e o enfermeiro tolerante e simples, sempre que as circunstâncias o exigissem. Contudo, a mais impressionante assiduidade era justamente à cabeceira dos desditosos irmãos, recolhidos nos tenebrosos desfiladeiros em que se situava a instituição.

Noite a noite, juntamente com Silas, identificava criaturas infortunadas que, a se desvairarem nas sombras, haviam perdido a noção de si mesmas, dementadas pela viciação ou transtornadas pelo desespero. Era sempre doloroso encarar esses companheiros disformes e irreconhecíveis que a flagelação mental ensandecera. Druso inclinava-se sobre tais infelizes, sempre com a mesma ternura. Depois da oração costumeira, articulava operações magnéticas assistenciais e, logo após, com a devida segurança, interrogava os recém-recolhidos, para colher informações que norteariam a assistência da entidade sofredora. Despendia de duas a quatro horas toda noite no trabalho socorrista, que considerava sagrado.

Foi assim que, certa noite, pobre mulher cadaverizada foi trazida pelos enfermeiros à sala das atividades habituais para o socorro necessário. De corpo maltratado, vestia trapos imundos. Seu semblante estava alterado por um aumento exagerado, e os dedos se alongavam feito garras. Adivinhava-se que tal criatura vivenciara longos tormentos.

Druso afagou-lhe a fronte com paternal carinho.

Pessoas de André 173

Terminada a prece com que iniciava a tarefa assistencial, ele começou a aplicação de passes, acordando-lhe as energias. Fundos gemidos sacudiam o peito da pobre mulher. O abnegado amigo concentrou seus potenciais de força magnética no cérebro da infeliz, que começou a mover-se, subitamente reanimada. Foi então que a sofredora pôs-se a falar. Para a surpresa de todos, clamava por Druso e lhe pedia compaixão. Confessou que fora uma esposa culpada, mas que precisava recolher, do marido humilhado, o perdão que a livrasse do remorso. Todos foram tomados por angustiosa estupefação. O generoso instrutor foi atingido por invisíveis raios de angústia; cambaleou. Em seguida, buscou dominar-se e elevou os olhos para o Alto, em pranto mudo, numa prece silenciosa de quem se comunica particularmente com Deus. Chegara o momento por que tanto ansiara. Druso havia abraçado a aflitiva missão naquele perseguido instituto de caridade, não apenas atendendo aos desencarnados e infelizes, mas também com elevados objetivos do coração. Tinha recebido permissão para trabalhar em busca daquela que, no passado, precipitara nos vales da desgraça. A recordação da jovem sacrificada por sua incúria, constituía-lhe doloroso espinho no tecido da alma. Não podia prosseguir em sua caminhada sem resgatar o débito contraído no passado.

Três dias depois do incidente, Druso deixava o encargo de orientador da instituição. Regressaria à carne, seguido pela primeira mulher. Casariam no futuro, recolhendo nos braços dois filhos. Um primogênito, que seguiria a carreira da Medicina, e a jovem, que ora se recuperava de suas dolorosas experiências nos domínios da instituição.

Encerrava ali cinqüenta anos de trabalho, preparação e espera. Seguia confiante, sabendo que o Amor Infinito do Pai Celeste brilha em todos os processos de reajuste.

SILAS

Silas era um dos mais destacados assistentes da Mansão da Paz. Fora encarregado, pelo diretor do instituto, de orientar André Luiz e Hilário nos estudos sobre a Lei de Causa e Efeito. Estava sempre presente e não se fazia rogado em explicar tudo o que lhes seria útil. Foi quando surgiu uma tarefa complexa a ser desenvolvida fora da instituição. Tratava-se de um grave caso de natureza obsessiva.

André, Hilário, Silas e Alzira foram visitar o local para analisar o problema e traçar diretrizes para o bom desempenho da tarefa.

Lá, encontraram Luís, um homem de meia-idade, completamente obcecado por dinheiro. Seus obsessores aproveitavam aquela tendência à sovinice para o hipnotizarem e realizarem um plano de vingança. Ambos queriam fazer justiça com as próprias mãos, uma vez que haviam sido mortos e privados dos seus bens pelo pai daquele que ora perseguiam.

Silas conseguiu angariar a simpatia das duas entidades infelizes, que assediavam o companheiro encarnado. Inicialmente concordava com Clarindo e Leonel, mas, assim que percebeu o momento oportuno, usou a sua inteligência vigorosa para questioná-los sutilmente, contando-lhes a sua triste história: pela sedução do dinheiro também falira na sua última passagem na Terra.

Desde a meninice, entregara-se à paixão pelo dinheiro. Nascera num lar bafejado pela fortuna, a fim de sofrer a tentação do ouro farto e vencê-la com a vontade firme. Era filho único de um homem honesto que herdara consideráveis bens. Seu pai era um advogado, que não exercia a profissão por excesso de conforto, mas gostava de estudar e vivia rodeado por livros raros. Sua mãe era uma senhora católica, de pensamento fervoroso e digno. Tentava sempre incutir,

Pessoas de André 175

nos familiares, o dever da beneficência. Notando que, desde cedo, o filho se habituara à dominação financeira, estimulou-o a estudar Medicina, pois, ao lado do sofrimento humano, ele encontraria melhores oportunidades de auxílio ao próximo.

Atendendo em parte aos anseios da mãe, Silas resolveu consagrar-se à carreira médica, muito mais interessado que estava em explorar os enfermos ricos, cujas doenças lhe facultariam amplas vantagens materiais. Entretanto, nem chegara a receber o diploma de Medicina, quando sua mãe se despediu da existência física. Recebeu o diploma, mas não chegou a ingressar na prática da profissão conquistada. Acompanhou o inventário de sua mãe com tamanha avareza que surpreendeu o próprio pai. A fortuna herdada situava-o a salvo de qualquer necessidade pelo resto de sua vida física, desde que não a dissipasse.

Tudo corria a contento, porém o seu genitor, que já passava dos sessenta anos de idade, resolveu se casar novamente. Silas tentou dissuadi-lo, mas o homem estava resoluto e desposou Aída, uma jovem de quase trinta anos. Silas não aceitava a situação, via a madrasta como uma intrusa e, tomando-a por uma aventureira à caça de fortuna fácil, resolveu se vingar.

Pouco tempo depois, o seu genitor passou a ter problemas de saúde por conta das novas exigências sociais do segundo casamento. As festividades e comemorações o exauriam. A saúde paterna trouxe-lhe enormes apreensões, pois temia o destino das largas reservas financeiras da casa. Negava-se a vir partilhar, um dia, a herança com a mulher que, a seus olhos, ocupava indebitamente o lugar de sua mãe.

Passou a arquitetar planos delituosos na tentativa de alijar Aída de qualquer possibilidade de ingresso no futuro patrimônio da família. Muitos projetos criminosos

176   Isabel Scoqui

visitaram-lhe a cabeça. Foi quando surgiu uma ocasião propícia: seu pai lhe pediu que acompanhasse a madrasta numa festividade pública. Durante aquela festa, conheceu Armando, primo de sua madrasta que a cortejara quando solteira. Funestos propósitos nasceram-lhe no crânio. Intencionalmente, procurou tornar-se amigo daquele que dividia o tempo entre mulheres e taças espumantes. Logo o rapaz passou a freqüentar-lhe a casa, o que favorecia o retorno da intimidade entre os primos. Iam à praia, ao teatro, ao cinema, e Silas não perdia a oportunidade de aproximá-los cada vez mais. A madrasta não lhe percebeu a manobra e, embora resistisse por mais de um ano à galanteria do primo, acabou por ceder ao constante assédio. Silas fingia desconhecer-lhes as relações. Captou-lhes a confiança absoluta e, certa noite, deu a entender que estaria ausente. Sabia, entretanto, que os amantes ocupavam um aposento contíguo ao seu, então, procurando seu pai enfermo e fingindo a dignidade ferida, expôs os fatos sinteticamente. Lívido e trêmulo, o doente exigiu provas e foi conduzido à porta do quarto, onde Aída e Armando foram flagrados em adultério. Armando, cínico, deixou a casa prontamente. Aída, porém, ferida em seu amor-próprio, dirigiu acusações humilhantes ao velho esposo.

A situação tornou-se muito tensa. Silas afagava o pai com lamentações e sugestões indiretas para que os bens da família fossem guardados em seu nome. Prosseguia no seu plano delituoso, quando a sua madrasta apareceu morta. Os médicos diagnosticaram suicídio. Os planos arquitetados pareciam ter dado certo. Mas depois da morte da segunda mulher, seu pai não conseguiu mais se erguer. Passaram-se dois meses e, no leito de morte, o ancião confessou haver envenenado a esposa, administrando-lhe violento tóxico ao calmante habitual. Não conseguia perdoar a si mesmo e estava vergado sob o peso do remorso. E nessas condições,

Pessoas de André 177

o velho desencarnou.

Pela primeira vez, a consciência de Silas doeu. Achouse sozinho e infinitamente desgraçado. O ouro do mundo não lhe garantia agora o mais leve consolo. O remorso pôs vozes e vultos na casa antes portentosa. Demandou a Europa, na tentativa de distrair-se. Mas as grandes cidades do Velho Mundo não conseguiram aliviar-lhe as chagas interiores. Voltou ao Brasil, mas não teve coragem de tornar à antiga residência. Um velho amigo de seu pai o hospedou. Embalado por aquele carinho familiar, Silas tencionava restaurar a saúde orgânica.

Numa noite, em que uma insuportável dor de estômago o torturava, encontrou um frasco na adega de seu anfitrião. Ingeriu todo o seu conteúdo acreditando usar bicarbonato de sódio, porém aquilo era arsênico. O veneno expulsou-o do corpo, impondo-lhe sofrimentos atrozes, qual acontecera com sua madrasta, que desencarnara em condições semelhantes.

Dementado, depois do sepulcro, Silas atravessou meses cruéis de terror e desequilíbrio, ante os quadros vivos de suas próprias criações. Finalmente foi socorrido por amigos de seu pai, o qual também se achava a caminho da recuperação e, unido a ele, passou a empenhar todas as energias na preparação do futuro.

Sabia, entretanto, que não poderia regressar à carne tão logo. Era necessário encontrar a madrasta para iniciar a difícil tarefa da própria liberação moral. Valera da fraqueza de Aída para arrojá-la ao despenhadeiro da perturbação. Ele e seu pai complicaram-lhe o caminho. Por isso eram constrangidos a buscá-la, soerguê-la, ampará-la e restituir-lhe o equilíbrio relativo, para poder solver, apenas em parte, a imensa dívida que haviam adquirido.

Tão logo a Divina Misericórdia permitisse semelhante felicidade, seu genitor e sua mãe retornariam às lides da carne, retomando os laços do casamento. Recolheriam a ele e Aída como filhos abençoados. Esta, renascendo num corpo frágil para sanar as psicoses adquiridas sob o domínio das trevas; ele sendo novamente médico, para consagrar-se à beneficência e ao auxílio direto à irmã.

A confissão de Silas encerrava preciosos ensinamentos e era imprescindível que se fizesse uma pausa para grave meditação. Falando de si mesmo, o Assistente, sem ferir o amor-próprio de Leonel e de Clarindo, trabalhava indiretamente para que se entregassem ao reajuste. Ambos estavam sensibilizados.

Notando a mudança, Silas permitiu que os irmãos o acompanhassem numa tarefa de auxílio a uma tutelada da Mansão. Em seguida, visitou uma residência onde um generoso anfitrião desencarnado os recebeu. Ao pedido do assistente, o dono da casa foi inspirado a ouvir música. Dirigiu-se à pequena discoteca e escolheu a Pastoral de Beethoven. Em breves momentos, o recinto povoou-se de encantamento e alegria, sonoridade e beleza. Clarindo, que era atraído pela lides campestres, mentalizou bosques, pássaros, regatos, como se a paisagem imaginária obedecesse à narração melódica. Leonel, apaixonado por música, era arrebatado às mais sublimes emoções. Todos sentiam que os acordes, da magnífica melodia, possuíam a faculdade de lavar-lhes a intimidade do ser.

Por solicitação de Leonel, demandaram a borda do lago. Ali, Clarindo relatou a violência praticada contra Alzira, a esposa de Antonio Olímpio, que, horrorizada ante a perseguição deles, arrojou-se naquelas águas de terríveis reminiscências. Silas perguntou-lhes se desejavam que ela fosse trazida até ali, em pessoa, para um abraço de entendimento e auxílio. Eles aquiesceram convictos. O assistente afastou-se e, pouco depois, voltou trazendo, em sua companhia, a generosa irmã que, envergando cintilante

Pessoas de André

roupagem, estendeu-lhes os braços, a ofertar o colo maternal resplendente de amor. Alzira pediu-lhes perdão e prometeu pagar-lhes as dívidas, sendo-lhes amorosa mãe. Pediu que todos os ressentimentos fossem esquecidos e que, assim, Deus os supriria de recursos para solver os débitos. E, acariciando-os, recolheu-os no regaço, como se levasse consigo dois tesouros do coração. Pouco depois, ambos eram internados na Mansão, com pleno assentimento deles mesmos, tendo em vista a preparação do futuro.

O tempo passava célere, até certa noite em que pobre mulher, cadaverizada, foi trazida pelos enfermeiros para o socorro necessário. Envolta em trapos imundos e tendo o semblante alterado por estranho aumento de volume, era impossível desvendar-lhe a identidade. Druso concentrou seus potenciais magnéticos no cérebro da infeliz, que começou a se mover subitamente. Foi então que a boca hirta começou a falar. Surpreendeu a todos, identificando-se como Aída, a madrasta de Silas. Implorava a presença de Druso, o ex-esposo. Somente então, André e Hilário ficaram sabendo que o instrutor e o assistente haviam sido, entre os homens, pai e filho.

Druso, num gesto enternecedor, abraçou a infortunada criatura e, após aconchegá-la ao peito, agradeceu ao Alto a oportunidade daquele momento. Já que recebera de volta a companheira que envenenara no mundo, pedia forças para poder reerguê-la do abismo de sofrimento em que a precipitara. Esforçava-se para continuar orando, mas os soluços embargaram-lhe a voz. Safirina luz veio em resposta à comovente súplica.

Silas, extremamente pálido, ajudou o pai a levantar-se e ambos se afastaram, carregando consigo aquele trapo de mulher, com o júbilo de terem encontrado um tesouro do coração.

180 Isabel Scoqui

Após três dias, Druso deixou o encargo de orientador da instituição. Preparava-se para regressar, juntamente com a primeira esposa, à Crosta terrena.

Com o afastamento do pai, Silas obteve permissão para ingressar num grande educandário, visando habilitar-se para as novas tarefas na Medicina humana, tendo em vista a próxima romagem terrestre. Seguiria a seu turno. Seria o primogênito do casal, recebendo mais tarde, Aída, a irmã sofredora e necessitada de amparo, para que esta pudesse concretizar o próprio reajuste perante as Leis da Vida.

ORZIL

Muitos companheiros, recuperados na Mansão da Paz, aceitam preciosas tarefas de auxílio, incumbindo-se da assistência fraterna, em largos setores externos daquela região trevosa. Melhorados, transformam-se em valiosos elementos de ligação. Através deles, a administração daquele instituto atende a milhares de consciências necessitadas e sabe reconhecer, com segurança, quais os irmãos sofredores que se fazem dignos de acesso à instituição. Espalhando-se nos campos de sombra, em pequenos santuários domésticos, continuam construindo a própria regeneração, aprendendo e servindo.

Depois de andarem sob intenso nevoeiro, André, Hilário e Silas divisaram uma pequena casa, de cujo interior fluía reconfortante jorro de luz. Cães enormes, que podiam ser vistos de fora, ganiam sentindo a presença de estranhos.

Um companheiro de alto porte e rude aspecto apareceu, saudou-os e abriu-lhes cancela. Era Orzil, um dos guardas da Mansão, em serviço nas sombras. Orzil era de constituição agigantada e demonstrava sinceridade e devotamento nos olhos límpidos. Comprometera-se em delitos lamentáveis no

Pessoas de André 181

mundo. Sofrera muito sob o império de antigos adversários, mas, depois de longo estágio na Mansão, passou a prestar valioso concurso naquela região de desespero. Ajudava-se, ajudando. E, servindo com desinteresse e devoção fraternal, não somente se reeducava, mas também suavizava o campo da nova existência, que o aguardava na esfera carnal, pelas simpatias que vinha atraindo em seu favor.

Penetraram numa sala estreita e simples, onde se alinhavam alguns bancos e notava-se, também, uma tosca cruz de madeira, alumiada por uma candeia. Naquele local, Orzil se dedicava a meditações e estudos de natureza pessoal, mas não vivia completamente só. Havia, no local, algumas celas ocupadas por entidades em tratamento, prestes a serem recebidas na instituição. As acomodações reservadas aos enfermos jaziam no fundo, à maneira de largos boxes de confortável cavalariça. A construção denotava rusticidade e segurança, certamente adstrita aos objetivos de contenção.

Orzil informou aos amigos que hospedava três entidades em franca situação de inconsciência. Levou-os para visitá-los. Assim que se aproximaram das celas, forte cheiro de carne em decomposição empestou o ambiente. Silas explicou que vivemos cercados pelo halo vital de energias que nos vibram no âmago do ser. Esse halo é constituído de partículas a se irradiarem por todos os lados, impressionando o olfato de modo agradável ou desagradável, segundo a natureza do indivíduo que o irradia. Assim sendo, na Terra ou fora dela cada entidade se caracteriza por exalação peculiar.

Logo foram informados sobre a causa de tão desagradável odor. Encontrava-se ali o irmão Corsino, cujo pensamento ainda estava enrodilhado ao corpo. Enredado à lembrança dos abusos a que se entregara na carne, ainda não conseguira desvencilhar-se daquilo que fora, trazendo a imagem do próprio cadáver à tona de todas as suas recordações.

Na primeira cela visitada, encontraram um homem envelhecido, de cabeça pendida, a clamar pelos filhos. Orzil informou que aquele era o irmão Veiga. Assim que percebeu os visitantes, o homem derramou-se em lamúrias. Contou-lhes que conseguira reaver grande fortuna, deixada por seus avós, após vinte cinco anos de luta. E logo que se apoderou dela, mal pudera usufruí-la. Desencarnou pouco tempo depois. Revoltado, permaneceu em sua velha casa. Desejava acompanhar a partilha do espólio, mas seus filhos amaldiçoaram-lhe a influência com palavras agressivas. Não bastasse isso, passaram a perseguir a sua segunda esposa, administrando-lhe tóxicos, até que a pobrezinha fosse internada numa casa de loucos, sem esperança de recuperação. Diante de tal injustiça, apelou para os gênios do mal para o ajudarem na execução de uma grande vingança.

Silas tentou conversar com a entidade, concitando-a ao perdão. Mas a criatura encontrava-se dementada e explodiu em fúria. Chorava e gargalhava exigindo seu dinheiro. Eis a razão por que estava ali. Não poderia se ausentar da grade sem prejuízo a si mesmo.

Na cela ao lado, via-se um homem profundamente triste. Sentado ao fundo da prisão, de cabeça pendida entre as mãos, tinha os olhos fixos na parede próxima. Contemplava uma tela viva, onde se via larga rua enluarada de uma grande cidade. Sua imagem surgiu ao volante de um carro. Perseguiu um transeunte bêbado, até matá-lo sem compaixão. Era um homicida preso aos quadros mentais que o encerravam em punitivas recordações. Notava-se a angústia, entre o remorso e o arrependimento. Ao perceber que estava sendo visitado, precipitou-se sobre as grades e esbravejou. Alegou sua inocência e a falta de testemunhas. Temia ser denunciado. Não havia o que se fazer naquele

Pessoas de André

momento e ele foi deixado ali, completamente enleado às recordações do crime que cometera, crendo, mesmo depois da morte, escarnecer da justiça.

Finalmente chegaram à cela de onde originava o mau odor. Um homem feridento cavoucava as feias chagas com as próprias unhas. O mísero companheiro movimentava-se num montão de sujeira, coberto por filetes de sangue podre. O quadro repugnante era constituído pelas próprias emanações mentais do companheiro infeliz. Pedia ajuda repetidamente, porém falava em tom imperativo, como se as palavras humildes constituíssem o disfarce de uma ordem tiranizante. Também não havia o que se fazer. Fora um antigo e inveterado gozador que despendeu largos recursos, que não lhe pertenciam, em prazeres inúteis. Somente a dor e o tempo poderiam levá-lo à compreensão.

Os doentes ficariam segregados até que apresentassem sinais de renovação. Aquelas três almas deixaram, na existência última, somente quadros tristes e lamentáveis, nos quais não dispunham de atenuantes que lhes diminuíssem as faltas. Os filhos do nosso amigo, que sofria a fixação da usura, não receberam dele quaisquer recursos de educação edificante, que os habilitassem a ajudá-lo. O nosso irmão que padecia a fixação do remorso, não tendo expiado, nos cárceres da justiça humana, o crime que perpetrara, recolhia, de retorno, as ondas de pensamento emitidas; e o companheiro que se detinha no vício, reabsorvia as ondas de seu próprio campo mental, acumuladas de fatores deprimentes, que a eles se incorporavam nos lugares por onde passavam, restituídas com multiplicados elementos de corrupção.

Aquelas entidades ainda não estavam em condições de serem internadas na instituição. Só estavam assistidas graças a Orzil que, naquela região inclemente, não media esforços para comprovar o seu propósito de fazer o bem. Quem sabe, um dia, algumas delas, bafejadas pela renovação, seguissem o exemplo do primeiro benfeitor e, em pequena cabana envolta por trevas, pudessem praticar o bem em favor de companheiros dementados pelas próprias criações.

LAUDEMIRA

Laudemira estava internada em um vasto hospital de movimentada cidade terrestre. Estava grávida e chegara a hora do parto. Tudo indicava que passaria por uma cesariana. Fluidos anestesiantes desfechados por perseguidores invisíveis, durante o sono, mergulhavam-lhe a vida uterina em extrema apatia. Cabia-lhe, ainda, receber mais três filhos no templo do lar e uma intervenção cirúrgica, como a cesariana, certamente acarretaria prejuízos futuros à programação organizada em favor dela e de alguns companheiros de crueldade que, na feição de filhos, com ela se levantariam para serviços regeneradores.

Silas pediu que André e Hilário permanecessem em oração. Com a destra colada na testa da doente, começou a fazer operações magnéticas excitantes sobre o colo do uterino. Uma substância leitosa irradiava-lhe da mão, espalhando-se por todo aparelho genital. Não demorou muito para que surgissem contrações, que foram se acentuando. Silas controlava a evolução do parto, até que o médico encarnado penetrou o recinto. O organismo de Laudemira reagira brilhantemente e a cirurgia foi esquecida.

Os sofrimentos de Laudemira eram o resultado de pesados débitos contraídos, havia pouco mais de cinco séculos. Dama de elevada situação hierárquica na Corte de Joana II, Rainha de Nápoles, possuía dois irmãos que lhe apoiavam os planos loucos de vaidade e domínio. Fez-se favorita da rainha, facilitando-lhe o casamento com Jaime

Pessoas de André

de Bourbon, Conde de La Marche. Associou-se às aventuras da soberana. Como considerasse o marido um entrave, constrangeu-o a duelar com pessoas hábeis, que o levaram à morte. Viúva, bela e rica confiou-se a prazeres e dissipações, nos quais perturbou a vida de muitos homens de bem e arruinou muitos lares. Ao desencarnar, nos meados do século XV, desceu às profundezas infernais, onde padeceu o assédio de ferozes inimigos. Sofreu por mais de cem anos nas trevas densas, conservando a idéia fixa nas ilusões que lhe eram próprias. Voltou à carne por quatro vezes consecutivas, sempre enfrentando excruciantes problemas expiatórios, experimentando vexames e humilhações por parte de homens sem escrúpulos, que lhe asfixiavam os sonhos. Entrava pela porta do túmulo e saía pela porta do berço, transportando consigo desajustes interiores que não podia sanar de um momento para o outro. Depois de cada desencarnação, regressava às zonas purgatoriais de onde procedia, com alguma vantagem no acerto das contas, mas não com valores acumulados para a libertação definitiva das sombras.

Havia trinta anos, ingressara na Mansão da Paz, acusando terrível demência. Fora submetida a hipnose, vindo a revelar os fatos ora narrados. Conturbada qual se achava, não dispunha condições de raciocínio na vigília comum e, nessas condições, foi trazida à presente encarnação, ainda mentalmente sintonizada com os laços menos dignos do caminho que escolhera. Deveria então receber cinco de seus antigos cúmplices na queda moral, para reerguer-lhes os sentimentos na direção da luz através da maternidade abençoada.

MARINA

Uma senhora desencarnada procurou Silas, pedindo ajuda. Sua filha Marina alimentava a idéia de suicidar-se. A pobre mãe usara de todas as forças para demovê-la do infeliz intento, mas não fora forte o suficiente; naquela mesma noite, Marina tencionava matar-se, comprometendo-se, ainda mais, com as trevas de sua consciência. Alguns minutos depois da zero hora, a equipe de trabalhadores espirituais penetrou a casa pequena e simples. Foi preciso deslocar algumas entidades da sombra, que ali permaneciam com o intuito de perturbar. No quarto humilde, encontraram uma senhora agoniada e exausta. A infeliz beijava sofregamente uma menina de dois a três anos. A criança demonstrava, nos olhos esgazeados e inconscientes, o estigma de irremediável sofrimento de nascença. Com gestos febris, a mãezinha mostrava a indefinível angústia daqueles que se despedem para sempre.

Logo após, em movimento rápido, a mulher tomou um copo que continha um líquido venenoso. Antes, porém, de encostá-lo na boca, o assistente lhe disse com voz segura: "Como podes pensar na sombra da morte, sem a luz da oração?" A desventurada não lhe ouviu com os tímpanos de carne, mas assimilou a pergunta. Deixando-se envolver pela influência do amigo espiritual, estirou-se no leito, em prece. Implorou ao Pai que se compadecesse dela e que a perdoasse pelo fracasso. Sem recursos e doente, suas contas a esmagavam. Acreditava que sem a sua presença o marido viveria mais tranqüilo no leprosário e sua filhinha seria amparada por mãos caridosas. E terminava a rogativa com uma pergunta dolorosa: como podia vencer a enfermidade, que a devorava, obrigada a costurar sem repouso, entre o marido e a filhinha que lhe reclamavam a assistência e ternura?

Silas ministrou-lhe passes magnéticos de prostração, induzindo-a a ligeiro movimento do braço, fazendo com que ela mesma, num impulso irrefletido, batesse com a mão no copo, que rolou pelo chão, derramando o líquido letal. Reconhecendo haver uma força estranha que lhe impedia a morte deliberada, Marina passou a orar em silêncio. Silas valeu-se da ocasião para conduzi-la ao sono provocado. O torpor invadiu o campo nervoso, e a mulher adormeceu pesadamente.

Marina reencarnara havia quase trinta anos, sob a tutela da Mansão da Paz. Veio para auxiliar Jorge e Zilda, dos quais se fizera devedora. No século anterior, interpusera-se entre ambos, quando recém-casados, impelindo-os a comportamentos lamentáveis. Depois de muito sofrimento nas zonas inferiores, foi permitido que os três renascessem no mesmo quadro social, para o trabalho regenerativo. Marina era a irmã mais velha de Zilda e tinha a obrigação de zelar por ela, segundo o programa do serviço traçado antes da reencarnação. Moça feita, a jovem Zilda reencontrou Jorge e reataram os laços afetivos do passado. Marina, porém, desconheceu as promessas que fizera no Plano Espiritual e passou a envolver o noivo da irmã em larga teia de seduções, atraindo o apoio de entidades caprichosas e doentias. O moço foi hipnotizado, com o auxílio dos vampiros desencarnados, cuja companhia ela aliciara sem perceber. Inconscientemente dominado, Jorge apaixonou-se por Marina, e, quando faltavam duas semanas para o casamento, ele confessou para a noiva os novos sentimentos.

A noiva preterida sufocou o terrível desapontamento. Desesperada ao extremo, conseguiu uma dose de formicida, que lhe pôs fim à existência física. Alucinada pela dor, Zilda foi recolhida por Luísa, sua mãe que se achava no plano espiritual. Entristecida, a genitora rogou o amparo dos Maiores. Apiedava-se de ambas as jovens, considerando a filha traidora como a mais infeliz, pois, ainda que a outra tivesse adquirido o débito dos suicidas, havia a atenuante da alienação mental em que se mergulhara.

O venerável Sânzio, ministro da Regeneração, tinha grandes poderes de decisão sobre os tutelados da Mansão da Paz. Resolveu ele que Marina fosse considerada devedora em conta agravada por ela mesma, pois falhara em prova de renúncia em favor da irmã, que lhe era credora generosa. Deveria, então, recebê-la na situação de filha terrivelmente sofredora.

O tempo passou, Jorge e Marina, livres, casaram-se. Dois anos após o enlace, receberam Zilda como filhinha. Desde os primeiros meses, puderam identificar-lhe a dolorosa prova. Zilda, agora Nilda, nascia surda-muda e mentalmente retardada, em conseqüência do trauma perispirítico experimentado na morte por envenenamento voluntário. Inconsciente e atormentada, a criança chorava dia e noite.

Alguns meses depois, Jorge foi segregado em um leprosário, onde recebia tratamento. Com o esposo doente e com a filhinha infeliz, Marina padeceu grande abatimento, que a levou à idéia de provocar a própria morte.

Após a tentativa de suicídio, Marina recebeu novos recursos magnéticos durante o sono. Logo, ergueu-se em Espírito sobre o corpo somático, pousando nos amigos espirituais o olhar vago e inexpressivo. Silas afagou-lhe as pupilas, ampliando-lhe a visão, para que ela pudesse avistar Dona Luísa, sua mãe. A pobre criatura viu a genitora estender-lhe os braços, acolhendo-a no colo afetuoso. Com todo carinho maternal, a mulher aconselhou-a a aprender a sofrer com humildade, estimulou-a a levantar-se, despertar, lutar e viver. Fê-la recordar da irmãzinha que partira sob o peso da aflição por ela imposta. Era preciso, pois, enfrentar a adversidade.

Pessoas de André 189

Após o aconselhamento, Luísa fez com que Marina observasse a criança, enferma, que dormia. Pediu-lhe que jamais procurasse a porta da deserção, mas que vivesse, doravante, para aquela criaturinha infeliz, que necessitava de toda atenção materna. A moça, renovada, rojou-se sobre a menina triste. A emotividade daquela hora atraiu-a ao corpo de carne, fazendo-a acordar em copioso pranto. Clamava pela filhinha. Ressurgia completamente renovada, sentindo-se bastante forte para enfrentar o pesado reajuste.

POLIANA E SABINO

Silas recebeu a notícia de que Poliana parecia vergar sob o peso de imensa prova. Estava enferma, e o equilíbrio orgânico declinava hora a hora. Apesar disso, continuava lutando heroicamente para se conservar ao pé do filho infeliz. Era imperioso agir sem demora.

Em breves momentos, a equipe socorrista alcançava a paisagem rural, de aspecto pobre e triste. Num casebre, infortunada mulher jazia enrolada em farrapos, numa esteira de palha estendida no chão. Os amigos espirituais auscultaram-lhe o tórax e perceberam que a situação era gravíssima. O coração da doente apresentava alarmante arritmia, os vasos do músculo cardíaco ameaçavam ruptura próxima. A parada do órgão poderia ocorrer de um instante para outro.

Poliana precisava de mais tempo no corpo. O filho desventurado, que o Poder Celeste lhe confiara, não lhe dispensava os cuidados, pois era portador de sérias deficiências. Seu corpo físico apresentava graves restrições: era anão paralítico, surdo e mudo de nascença. Ambos eram tutelados da Mansão e atravessavam pedregoso caminho de reajuste. Além disso, a assistência materna não se restringia aos cuidados materiais. Estavam imantados no mesmo clima fluídico e alimentavam um ao outro no campo da afinidade pura. A desencarnação da genitora repercutiria mortalmente sobre o filho que, no estágio em que se encontrava, dependia exclusivamente do carinho materno. A doente tinha consciência de tudo isso, o que a mergulhava em angústia extrema.

Silas buscava, na choça completamente desguarnecida, algo que pudesse funcionar como meio de socorro, encontrando apenas um cântaro com um pouco de água. Como a doente necessitasse de medicação imediata, fluidificou a água. Logo após, administrou-lhe recursos fluídicos à glote, ativando-lhe a sede e constrangendo-a a servir-se da água convertida em líquido medicamentoso. Despendendo enorme esforço, Poliana abandonou o leito e buscou o pote humilde. Após beber ligeiros goles, asserenou, e, decorridos alguns minutos, adormeceu.

Poliana logo se desprendeu do corpo físico, ergueu-se e foi levada por Silas a um bosque vizinho. Acomodada na relva macia, não identificava a presença dos seus benfeitores. O assistente convocou todos à prece e fez uma rogativa tocada de profunda fé. Pediu ao Pai a compaixão para aquela que já não era a mulher sequiosa de aventuras e ouro, mas uma mãe fatigada, a reclamar novas forças para esmolar o pão que viria sustentar o torturado filho e a si mesma. Como se fora uma resposta do Alto, cinco flamas se aproximaram celeremente. Eram amigos espirituais que vinham zelar pela saúde da pobre mãe. Manipularam, em rápidos minutos, energias da Natureza associadas aos fluidos das plantas medicinais, que a enferma sorveu em abundância. Em curto espaço de tempo, Poliana mostrou-se refeita, pronta para retomar o envoltório físico e consolidar a restauração. As melhoras adquiridas pela organização perispirítica seriam rapidamente assimiladas pelas células do corpo material.

Pessoas de André 191

Voltando ao casebre, a equipe passou a observar o campo orgânico de Sabino. Por fora, ele era dolorosa máscara de anormalidade e aberração. Mirrado, medindo cerca de noventa centímetros, apresentava grande cabeça. O corpo disforme a exalar fétidos odores, causava compaixão e repugnância. A fisionomia era simiesca. Auscultado, porém, no campo íntimo, demonstrava viver distante da realidade. Sua memória mergulhava em quadros completamente estranhos. À medida que seus pensamentos se tornavam mais nítidos, ante a visão espiritual dos nossos amigos, podia-se enxergá-lo qual se sentia em verdade. Viram-no em trajes de palaciano, influenciando pessoas categorizadas para a consumação de crimes em detrimento do povo. Viúvas, órfãos, trabalhadores humildes e escravos desfilavam nas telas de suas recordações. Palácios e banquetes constavam por detalhes das lembranças que lhe povoavam o Espírito. E a seu lado, sempre a mesma mulher, cujo porte soberbo revelava a Poliana nobre, aquela mesma Poliana que jazia inerme na esteira de palha. Ambos apresentavam-se cercados de luxo e ouro, manchados, porém, de sangue, a que eram indiferentes. Sabino, o fidalgo orgulhoso, não tomava conhecimento de Sabino, o anão paralítico. Em absoluta introspecção, revivia o passado na posição de homem iludido por mentirosa superioridade em relação aos semelhantes.

Segundo a Ciência terrestre, Sabino era o idiota paralítico e surdo-mudo; porém, no ponto de vista espiritual, era um prisioneiro perigoso, engaiolado nos ossos físicos, sem guardar qualquer consciência do seu estado. Sua vida íntima fora tão pervertida, que resultara em completa alienação mental no tempo. Tratava-se de um caso de débito congelado. Havia mais de mil anos vinha sucumbindo, vaidoso e desprevenido, às garras da criminalidade. Calamidades diversas como homicídios, rebeliões, extorsões, calúnias, falências, suicídios, abortos e obsessões foram por ele provocadas, desde muitos séculos, porque nada mais lhe importava senão o seu egoísmo a saciar. Entre o berço e o túmulo, fora o desatino constante. Desperdiçara todos os recursos do campo físico, que o Senhor lhe concedera, quase sempre inspirado por Poliana, sua companheira de múltiplas jornadas. Chegou ao auge do desequilíbrio na última encarnação, que se findou no suicídio indireto. Então não houve outro remédio senão interná-lo na carne, como fera enjaulada na armadura de células, sob a custódia da ex-companheira fútil e transviada do bem, que acordara para as realidades da vida antes dele.

Até amadurecer em espírito para a renovação necessária, deveria guardar a mente em circuito fechado, incapaz da permuta de vibrações com os semelhantes, exceção feita com Poliana, de quem se fizera satélite mudo, como um parasita em árvore seivosa. Jazendo em processo de hibernação espiritual, ficou-lhe vedada a presença consciente na Terra ou no Espaço, onde provocaria perturbações e tumultos de conseqüências imprevisíveis. Encontrava-se enovelado inteiramente em si mesmo, à maneira de lagarta ilhada no casulo, a benefício de encarnados e desencarnados. Desfrutava, desse modo, uma pausa na luta, a fim de que pudesse, no futuro, encarar os compromissos assumidos com férrea vontade na renunciação de si mesmo.

MARCELA E ILDEU

A equipe espiritual passou a cooperar na rearmonização de uma família domiciliada em um subúrbio de populosa capital.

Marcela, a dona da casa, estava passando por maus momentos. Embora fosse excelente esposa e mãe, vinha

Pessoas de André

193

enfrentando problemas com a conduta deplorável do marido que, seduzido pelos encantos de outra mulher, tudo fazia para que a esposa o abandonasse. A jovem senhora destruía as cartas insultuosas que a rival lhe destinava, chorando em silêncio, pensando sempre no bem-estar dos três filhinhos pequenos. Dava pena vê-la em prece a favor do marido inconseqüente. Esperava a chegada do esposo, até altas horas da noite, que vinha, invariavelmente, cheirando a álcool e exibindo sinais de aventuras inconfessáveis. O diálogo se fizera quase impossível. Marcela usava o tempo que dispunha para lavar roupa para fora, mas os afazeres domésticos não lhe permitiam fazer mais. Se surgia algum assunto referente às necessidades das crianças, Ildeu logo se inflamava, gritando que seria melhor ter-se suicidado do que agüentar um casamento que o escravizava. E aproveitava a situação para xingar e acusar a esposa pelas dívidas contraídas, chegando a sugerir que ela voltasse para a casa dos pais. Não raramente, o tumulto acordava Roberto, menino de nove anos, que vinha acudir a mãe. Ildeu, então, avançava sobre o filho, cobrindo-o com palavrões e pancadas. Entretanto, se as filhinhas choramingassem, o genitor se desfazia em ternura, ainda mesmo quando estava embriagado.

Nem a esposa, que procurava asserenar os ânimos, nem os amigos espirituais conseguiram demover o homem das idéias absurdas, que passou a alimentar. Trazendo na mente a imagem de Mara, a jovem sedutora, ansiava fugir do lar. Pensava consigo que seria fácil desligar-se de Roberto, o filho cujo olhar o acusava sem palavras, lançando-lhe no rosto o censurável procedimento. Mas adorava Sônia e Márcia com desvelada ternura. Como se ausentar das filhinhas no desquite provável? Decerto a companheira teria os direitos de mãe assegurados pela Lei, ficando com a guarda das crianças. Não queria perder a convivência com as filhinhas, nem perder o carinho de Mara, cuja dominação lhe empolgava o sentimento enfermiço.

Foi assim que lhe nasceu no cérebro doentio uma idéia sinistra: assassinar a esposa, escondendo o próprio crime, para que a morte dela passasse por suicídio aos olhos do mundo. Daria tréguas à irritação e fingiria ternura para ganhar confiança. Depois de alguns dias, quando a esposa dormisse, despreocupada, levaria a cabo o plano sinistro. A partir de então, Ildeu passou a demonstrar aparente calma e, embora sorrisse, armava mentalmente o quadro criminoso, detalhe por detalhe.

Para defender Marcela, os trabalhadores da Mansão da Paz reforçaram o serviço de vigilância na casa. Ildeu, porém, excitado pela influência de homicidas desencarnados, que lhe haviam percebido os pensamentos expressos, resolveu pôr em prática o seu plano naquela mesma noite. Silas e seus amigos rumaram imediatamente para a casa singela. Como primeira providência, baniram os alcoólatras e delinqüentes que ali se reuniam. Pelas emissões mentais, percebia-se que o chefe da família revelava-se disposto à execução do ato execrável. Revestindo-lhe todo o cérebro, surgia a cena do assassínio, calculadamente prevista, movimentando-se em surpreendente sucessão de imagens. O irrefletido pai pensava em trancar o aposento dos filhos à chave, de maneira a evitar-lhes o testemunho e depois...

O assistente, de improviso, avançou para o leito das meninas e, usando os recursos magnéticos de que dispunha, chamou a pequena Márcia, em corpo espiritual, à rápida contemplação dos pensamentos paternos. A criança, presenciando aquele quadro terrível, experimentou tremendo choque e retornou, de chofre ao veículo físico, bradando, desvairada: "Papai!... Paizinho! Não mate! Não mate!..."

Os gritos da menina ecoaram em toda a casa, provocando

Pessoas de André 195

alarido. Marcela, num instante, levantou-se, surpreendendo o marido ao pé da filha e, junto deles, o revólver auguriando maus presságios. A mulher bondosa e incapaz de suspeitar das intenções dele, recolheu cautelosamente a arma e, crendo que o esposo pretendia suicidar-se, implorou, em pranto, que ele não se matasse. Se fosse da vontade dele, passasse viver com a outra mulher. Desobrigava-o, afirmando que criaria os filhos, trabalharia, conquistando o pão com o suor do rosto.

Ildeu, tocado de piedade pela inocência da esposa, aceitou a versão que ela dera aos acontecimentos e encontrou assim a escapatória que, havia muito, buscava. Afirmou que não podia mais sustentar aquela situação e que só lhe restavam dois caminhos, o suicídio ou o desquite.

Com o auxílio do assistente, Marcela descarregou o revólver, reconduziu as crianças ao sono e deitou-se atribulada. Orava, súplice, pedindo a Deus que se compadecesse dela, que a auxiliasse na luta, pois estava sozinha com três crianças necessitadas.

Silas aplicou-lhe passes balsamizantes, e a sofrida senhora adormeceu, desdobrando-se logo em seguida. O assistente aconselhou-a a conceder a liberdade ao seu esposo, ainda que a deserção ao dever exigisse sempre altos tributos. Que não o quisesse mal; ao contrário, que continuasse orando por ele, pois o remorso e o arrependimento, a saudade e a dor para os que fogem das obrigações, que o Senhor lhes confia, convertem em fardos difíceis de carregar. E porque a moça continuasse a chorar, receando pelo porvir, em face das dificuldades materiais, Silas confiou-a a parentes desencarnados, que apareceram no local, rogando-lhes a ajuda para que ela fosse fortalecida e amparada.

Ildeu e Marcela eram duas almas em reajuste havia séculos. Na última existência, tinham vivido no Brasil como marido e mulher, ocasião em que se entregaram a experiências difíceis. Ele, mesmo depois de casado, continuou irrequieto e em busca de aventuras. Seduziu duas moças, nascidas no mesmo lar. Primeiramente enganou uma delas, abandonando a esposa. Passando, porém, ao convívio da nova companheira, não vacilou em submeter a cunhada aos seus caprichos inconfessáveis. Entrando em plena decadência moral, precipitou-as no meretrício. A esposa abandonada, após cinco anos de solidão, aceitou a companhia de um homem digno e trabalhador, com quem passou a viver maritalmente.

Muito tempo se passara, e Ildeu, relativamente moço, mas debilitado pela vida desregrada, regressou doente à cidade em que havia se consorciado, buscando o aconchego da ex-esposa. Vinha com o propósito de escravizá-la, fazendo-a enfermeira de seu corpo abatido. Eis que a reencontra, feliz, junto de outro. Movido por incompreensível ciúme, não suportou ver a alegria da companheira, matando-lhe o eleito do coração.

Pouco tempo depois, o grupo que Ildeu prejudicou, inclusive ele próprio, se reuniu na Esfera Espiritual. E, com o amparo de abnegados benfeitores, regressaram as personagens do drama doloroso ao resgate na reencarnação. Ildeu veio à frente das responsabilidades, por ter maiores culpas. Marcela concordou em auxiliá-lo e retomou o posto antigo, vindo a ajudá-lo na condição de esposa fiel. Roberto seria então o companheiro assassinado que voltava na condição de filho, pois Ildeu era-lhe devedor da própria vida. Sônia e Márcia eram as duas irmãs que ele arrojou no vício e na delinqüência, esperando dele, como filhas queridas, o necessário auxílio para a reabilitação.

Abandonando a família, Ildeu provocou a interrupção do pagamento da dívida em que se empenhara. Além disso, se Marcela, premida pela necessidade e chamada a encargos duplos, resvalasse por delituosos desequilíbrios, comprometendo a estabilidade doméstica, o débito de Ildeu ficaria mais complicado e mais extenso. Se, por ventura, Marcela e seus filhinhos se erguessem a plenos céus, Ildeu continuaria vendo-os, sofredores e tristes, na própria consciência, atormentado pelas recordações que traçara para si mesmo. Nesse caso, pagaria, em serviço, a outras almas da senda evolutiva o débito que lhe onerava o Espírito. Se quisesse voltar ao convívio dos seus, deveria conquistar uma consciência tão dignificada e sublime quanto a deles, de modo a não se envergonhar de si mesmo. Quem se retarda por gosto, não pode se queixar de quem avança.

ADELINO CORREIA

Adelino estava sempre envolvido nas tarefas de um templo espírita-cristão. Suas preleções sobre o Evangelho falavam diretamente à sensibilidade dos ouvintes, uma vez que transmitia os ensinamentos sob o influxo de iluminados instrutores. Andava singelamente trajado, denotando a condição de trabalhador em experiências difíceis. Mas sua prova ia mais além: longa faixa de eczema gretava-lhe parte da cabeça, ouvidos e alguns pontos da face. A pele, ao derredor, também revelava a afecção largamente cronicificada. As feridas doíam-lhe, assim como ocultos tormentos, que lhe davam um ar acanhado e tristonho. Por ser um trabalhador dedicado à causa do bem, teceu uma rede de simpatia fraternal que o ajudava a desempenhar a tarefa a que se dedicara.

Depois que o trabalho no Centro Espírita acabou, a equipe espiritual acompanhou-o ao reduto doméstico. Sua genitora, uma mulher de mais de sessenta anos, aguardava-o na soleira da porta. Era Leontina, carinhosa mãe e amiga a tutelar-lhe a existência.

Logo na entrada, alinhavam-se três leitos, onde dormiam crianças. Uma loura menina, chamada Marisa, de seus nove a dez anos, que era filha legítima de Correia. Dois meninos negros, Mário e Raul, que Adelino adotara por filhos do coração.

Silas relatou a história de Adelino, para exaltar o santificante esforço de uma pessoa empenhada em seu próprio resgate.

Em meados de século precedente, Adelino foi filho bastardo de um jovem muito rico. Sua mãe era uma escrava que morreu ao dar-lhe à luz. Seu pai, Martim Gaspar, era homem duro que cultuava o orgulho tiranizante e costumava abusar das jovens escravas. Muitas delas engravidavam e eram vendidas sem compaixão. Mas o homem afeiçoou-se àquele filho, providenciando-lhe educação esmerada, ali mesmo na próspera fazenda. Legitimou-o perante as autoridades da época. Entre pai e filho estabeleceram-se, desse modo, os mais santos laços de afetividade. Quando ambos contavam com quarenta e três e vinte e um anos de idade, Gaspar resolveu casar-se com Maria Emília, uma leviana jovem de vinte primaveras. Trazida à fazenda, a madrasta desenvolveu, sobre o enteado, uma estranha fascinação. Adelino, que na época se chamava Martim, começou a experimentar torturantes conflitos sentimentais. Passou a detestar o pai e sentiu-se cada vez mais atraído pelos encantos feminis de Maria Emília. Entregues à delirante paixão, souberam furtar-se a qualquer desconfiança, até que o jovem Martim, desprevenido, planejou medonho parricídio.

Martim Gaspar estava acamado, em tratamento do fígado enfermo. Com a ajuda de dois capatazes de inteira confiança, Antonio e Lucídio, o jovem administrou ao doente uma porção entorpecente, com a aprovação da madrasta. Tão logo o doente se pôs a dormir, coadjuvado pelos dois cúmplices, que detestavam o patrão, espalharam substância

Pessoas de André

inflamável no leito paterno, simulando um incêndio no qual o mísero Gaspar desencarnou em horríveis padecimentos. Assim que o pai desceu ao sepulcro, ele tomou posse dos haveres, tentando a felicidade junto à Maria Emília, todavia, o genitor desencarnado iniciou uma perseguição contumaz. Ao fim de cinco anos de resistência, o jovem tombou completamente vencido, sob o jugo do espírito paternal que o cercava insistentemente. Abriu-se-lhe a pele em chaga, como se chamas ocultas o requeimassem. Circunscrito ao leito de dor e empolgado pelo remorso, recapitulava a morte do pai, em urros de martírio selvagem. Gritava a esmo o arrependimento de que se via possuído, motivo pelo qual a própria companheira alegara insanidade mental. E foi assim que Martim recebeu escárnio e abandono dentro do próprio lar e veio a morrer em tremenda flagelação.

Martim Gaspar, o genitor assassinado, aguardou-o no túmulo, arrastando-o às sombras infernais, onde passou a exercer pavorosa vingança. Tendo entrado em sintonia com o genitor, que permanecia sequioso de vingança, através das brechas mentais do remorso e do arrependimento tardio, foi hipnotizado por gênios perversos, que o fizeram sentir-se dominado por chamas torturantes. Através de hipnose, foram fixadas, em sua imaginação, as labaredas em que se torturava sem consumir-se. Sofreu terríveis humilhações e indescritíveis tormentos durante onze anos consecutivos, até que foi convenientemente socorrido pelos instrutores da Mansão da Paz. O tratamento magnético sanou-lhe o doloroso desequilíbrio.

Depois de melhorado, devotou-se aos serviços mais duros da instituição que o acolhera. Cultivando a prece com a renovação do mundo íntimo, renasceu de espírito inclinado à fé religiosa, encontrando no Espiritismo precioso campo de fortalecimento moral e de trabalho digno. Desde cedo, conheceu as imensas dificuldades

200 Isabel Scoqui

materiais. Cresceu órfão de pai, uma vez que não soubera valorizar a ternura paterna. Lutou com extrema pobreza e enfermidade constante na epiderme esfogueada. Soube aceitar nobremente a responsabilidade de viver e buscar, acima de tudo, aplicar a si próprio as diretrizes da fé que abraçara. Disciplinou-se.

Ainda que premido pelos entraves orgânicos, dedicou-se às representações comerciais, desde muito moço, destinando a si tão-somente o indispensável e sabendo repartir os recursos com necessitados numerosos. Foi aglutinando em torno de sua proteção os personagens do seu drama de outra era. Casou-se e padeceu o abandono da companheira, que lhe deixou uma filhinha. Marisa, a menina de seus nove a dez anos, não era outra senão a antiga madrasta que o desviara dos braços paternais, então reencarnada junto dele para reeducar-se ao calor de seus exemplos nobres. Os dois filhos adotivos foram os dois cúmplices do parricídio tremendo, os antigos capatazes Antônio e Lucídio, que conheceram a orfandade por terem exterminado e vendido os filhinhos das escravas abusadas .Ostentavam, na presente encarnação, o sangue africano que tanto enxovalharam. Estavam aptos a receber o amparo moral à reforma precisa naquele lar solidário.

Na nova encarnação, Adelino foi seguido ainda por Martim Gaspar que, presenciando a transformação do antigo filho, foi igualmente tocado pelos exemplos dignificantes. Abandonou as companhias indesejáveis e rogou internação na Mansão da Paz, onde aceitou severas disciplinas. O relógio marcava 2 horas e 20 minutos da madrugada. Os amigos espirituais penetraram a residência de Adelino e o convidaram ao mais significativo gesto de caridade. Correia tinha medo de falir na mais complexa prova que iria enfrentar. Os amigos espirituais oraram e o envolveram carinhosamente. Em seguida o reconduziram ao veículo carnal. Sentindo júbilo íntimo, sem porém se lembrar perfeitamente dos fatos vividos em comunhão com a Espiritualidade.

Passaram-se alguns minutos, e um choro convulso se fez ouvir lá fora. Adelino levantou-se prontamente do leito. Alcançando a porta de entrada, encontrou, na calçada, um pequeno recém-nascido que vagia aflitivamente. Correia, tomado de alegria, abraçou o pequerrucho com espontâneo gesto de amor e voltou para dentro gritando jubiloso: "Meu filho!... Meu filho!..."

A criancinha era Martim Gaspar que retornava à experiência física, asilando-se nos braços do filho que o desprezara no passado. O pai ofendido vinha ao encontro do filho regenerado.

LÉO

André e sua equipe penetraram triste pavilhão de indigentes num hospital. Atravessando a longa fila de leitos pobres, nos quais padeciam os enfermos, estacaram junto de um doente esquálido e angustiado. Sob a mortiça claridade de uma pequena lâmpada, encontraram Léo, profundamente desgastado pela tuberculose pulmonar, que o arrastava para a morte. Ainda que a falta de ar o maltratasse, mostrava o olhar calmo e lúcido, revelando conformação aos padecimentos.

Observando-lhe o corpo, através da visão espiritual, os amigos perceberam que os pulmões estavam quase destruídos pelo assédio dos bacilos. Havia também um exército de micróbios variados assenhoreando-se daquele corpo sem resistência. Adivinhava-se-lhe o fim próximo.

Léo, estimulado pelos amigos espirituais, refletia. Sabia que a morte não demoraria, mas não tinha medo. Seus olhos procuravam uma pequena escultura do Cristo crucificado na alva parede da enfermaria. E ao olhá-lo, sentia-se amparado por aquele que fora vilipendiado e esquecido. Se Jesus, que era puro, foi varado pelas chagas de ingratidão, ele, que era pecador, deveria resignar-se à cruz de seu leito. Lembrou-se dos familiares. Seus pais teriam sido no mundo os seus únicos amigos, mas partiram cedo. Logo que se separou da mãe, viu-se entregue aos desajustes orgânicos. Valendo-se de sua doença, seu irmão, Henrique, não hesitou em considerá-lo incapaz, obtendo na Justiça o documento que o fazia seu tutor. Na posse de grandes bens, o mano internou-o num hospício, onde amargou largos anos de sofrimento. Quando recebeu alta e teve que deixar o manicômio, bateu à porta de Henrique, mas este o expulsou sem compaixão.

Envergonhado, procurou trabalho digno, passando a ser vigia noturno de um vasto edifício comercial. O frio da noite, porém, foi minando-lhe a resistência e uma febre intermitente passou a devorá-lo devagarinho... Certa feita, caiu sobre a poça de sangue que se lhe derramava da boca e criaturas piedosas conseguiram-lhe aquele leito onde se refugiava.

Não nutria rancor ou qualquer sentimento negativo a respeito da atitude do irmão. Ao contrário, lastimava-o. Não se reservava o direito de julgá-lo, pois tinha consciência de ser uma alma necessitada, sem poder penetrar os desígnios da Providência.

Léo era tutelado pela Mansão da Paz. Quando lá foi recolhido, uma imensa culpa o atormentava. Foi preparado para uma nova encarnação e renasceu no mundo sob a guarda daquele estabelecimento socorrista. A enfermidade, que o martirizara desde o berço, os tormentos vividos no hospício e a dureza do irmão, que o sentenciara à extrema penúria, faziam parte das provas que o levariam a ressarcir o

Pessoas de André

débito particular que adquirira na encarnação precedente. Em princípio do século anterior, Léo era filho de abastados fidalgos, que desencarnaram muito cedo. Ele tinha um irmão, o jovem Fernando, que permanecera sob a sua guarda, uma vez que a sua existência fora marcada por incurável idiotia. Ernesto — pois era esse o nome de Léo, na existência anterior — tão-logo se viu sem a presença dos pais, deu-se pressa em alijar o irmão de seu convívio, encerrando-o em gradeada prisão ao fundo da residência, qual se fora infeliz animal. Enquanto isso, promovia recepções esmeradas no palacete da família, convidando pessoas elegantes. Desperdiçava os seus bens, alimentando os caprichos da esposa, fazendo extensas viagens a passeio e se entregando à jogatina e outras extravagâncias.

Depois de algum tempo de dissipação, viu as suas finanças esgotadas e apenas se poderia reequilibrar financeiramente com a morte do irmão. No entanto, o doente, mentalmente enfermo, mostrava grande vigor físico, não obstante uma bronquite crônica, que muito o incomodava. Observando o desequilíbrio respiratório, Ernesto planejou levá-lo a uma moléstia grave, na esperança de remetê-lo rapidamente ao sepulcro. Recomendou, então, aos servos que o libertassem todas as noites, num grande pátio, para que Fernando repousasse ao relento. O moço, porém, denotava enorme resistência, assim exposto à intempérie, superando a provação, a que era submetido, por quase dois anos.

Ernesto padecia a escassez econômica que somente o quinhão amoedado de Fernando, entregue ao comando de velhos amigos, poderia solucionar. Em razão disso, obcecado pela posse do ouro, libertou, certa noite, dois escravos delinqüentes. E assim que eles partiram no nevoeiro da madrugada, buscou o leito do irmão, enterrando-lhe um punhal no peito inerme.

Na manhã seguinte, quando os servos correram espavoridos anunciando o assassinato, fê-los crer que os escravos fujões eram os autores do crime e, inocentando-se da culpa, entrou na posse legal dos bens que pertenciam ao morto.

Apesar de regalada existência na carne, Ernesto penetrou os umbrais do mundo espiritual vergastado pelo remorso. Ainda que seu irmão Fernando o perdoasse, não encontrou sossego. Conservava a lembrança da vítima, através da percussão mental do arrependimento, enlouquecendo de dor. Vagueou por vários anos em tenebrosas paisagens, até que foi convenientemente recolhido à Mansão da Paz. Não obstante recuperado, as reminiscências do crime absorviam-lhe o Espírito de tal sorte que, para o retorno à marcha evolutiva normal, implorou o regresso à carne, a fim de experimentar a mesma vergonha, a mesma penúria e as mesmas provas infligidas ao irmão indefeso, pacificando, desse modo, a consciência intranqüila. Amparado em seus propósitos de resgate por eminentes instrutores, tornou ao campo físico, carreando na própria alma os desequilíbrios. Nasceu alienado mental, como o próprio Fernando no passado, tendo amargado os mesmos infortúnios por ele impostos ao irmão debilitado e infeliz. Cedo conheceu a orfandade, colhido de surpresa pela vilania e ambição do irmão que o isolara num manicômio. Padeceu, como guarda-noturno, o frio e os temporais a que expusera a vítima indefesa. Entretanto, pela humildade e paciência com que sabia aceitar os golpes reparadores, conquistou a felicidade de encerrar, em definitivo, o débito que adquirira em tão desregrada experiência.

Sexo e Destino

PEDRO NEVES

Pedro Neves era um devoto servidor do Ministério do Auxílio. Lograra grande experiência no trabalho socorrista, nunca lhe faltavam o ânimo e a força nos percalços da tarefa que abraçara. Fora advogado na Terra, o que justificava a sua habilidade em lidar com as dificuldades que ocorriam ao longo do caminho. Agora que voltara ao ambiente familiar, a realidade parecia outra. Fora colhido pela amargura e pela incapacidade de lidar com os problemas domésticos. Ainda sentia, no espírito agoniado, a frustração de quem ainda não conseguira superar as próprias limitações. Fora casado e possuía três filhos. Desencarnara havia quarenta anos, deixando Enedina na condição de viúva jovem e abastada. Não demorou muito e ela contraiu segunda núpcias com um homem ambicioso, que lançou mão do patrimônio familiar e o multiplicou em negócios arrojados. A vida familiar transfigurou-se. O gosto pelo luxo, pelas aventuras e frivolidades levou-os a lamentáveis desequilíbrios, inclusive às viciações sexuais. Os filhos Jorge e Ernesto, fascinados pelo poder do dinheiro, não obstante fossem abastados negociantes, tornaram-se criaturas indiferentes à memória do pai. Enedina desencarnara havia dez anos, vítima do álcool que minara as resistências de seu corpo físico. Ainda que o ex-marido procurasse ajudá-la, todo seu esforço era infrutífero. Permanecia consorciada a entidades infelizes e comprazia-se na viciação. Ele não conseguia encontrar acesso à mente da ex-esposa, por isso só lhe restava a possibilidade de esperar que o tempo fizesse seu trabalho e a predispusesse ao auxílio.

Jorge e Ernesto estavam hipnotizados pela riqueza e também permaneciam inacessíveis à influência paterna. Assim, relegado ao esquecimento e sem poder agir em benefício dos seus, Neves afastou-se definitivamente do núcleo familiar.

Uma só pessoa lembrava do pai com ternura e não se deixara seduzir pela riqueza. Era Beatriz, a sua filha. Neves voltara ao ambiente familiar por sua causa. Viera assisti-la em seu leito de morte. Senhora de quase cinqüenta anos, definhava-se por causa do câncer que a acometera. Ali, acamada, meditava sobre a inevitável separação de seu marido e do único filho. E quando a dor aguda vinha atormentá-la, o pai zeloso aplicava passes confortativos. Nesses momentos, Beatriz ficava prostrada fisicamente, mas sentia a presença paterna que a levava às reminiscências infantis e a embalava docemente.

O sofrimento de Neves não se restringia à enfermidade da filha. Estava revoltado. Sentia verdadeira repulsa pelo comportamento de Nemésio, seu genro, que considerava imoral. Nemésio envolvera-se com uma jovem funcionária chamada Marina. Enquanto a esposa agonizava, os dois podiam ser encontrados juntos, em atitudes íntimas. Neves, assim, se sentia insultado pelo outro. Considerava-o um sessentão desavergonhado que injuriava a família.

Por solicitação do irmão Félix, Neves e André foram conhecer a família de Marina, cujo pai era Cláudio Nogueira. Encontraram um apartamento muito bem decorado, mas ali a beleza era apenas exterior. Cláudio e Márcia, os dois

Pessoas de André

moradores adultos, elegeram o dinheiro e o sexo como chaves de suas vidas. Marina e Marita, as moças, não encontravam bases sólidas para um comportamento seguro. Seus anseios de jovens, sem a devida educação, poderiam levá-las a complicados perigos e tentações dos quais não sairiam ilesas. Havia a presença de um Espírito obsessor que se amoldava plenamente ao corpo espiritual de Cláudio, estimulando-o aos vícios e aos comportamentos desabridos. Cláudio era apaixonado por Marita, a filha adotiva, e estava disposto a conquistá-la, custasse o que custasse...

Como aquela família não oferecesse condições para um auxílio espiritual permanente, Neves e André se dispuseram a comparecer ali sempre que possível. Porém, com o agravamento da doença da filha, Neves postou-se ao lado dela, enquanto André presenciava uma dolorosa situação de reajuste na casa de Cláudio Nogueira.

Os dias se passaram, e d. Beatriz desencarnou. Neves, prontamente, acompanhou-a a organização socorrista do plano espiritual, até que restaurasse as forças para prosseguir viagem. O afastamento do lar da nobre senhora deixou a casa desguarnecida, e os seus habitantes logo foram assediados por muitas entidades inferiores.

D. Beatriz se achava em hospital-escola denominado Almas Irmãs onde o instrutor Félix era o administrador. Estava remoçada. Mostrava-se ansiosa por uma visita aos parentes terrestres. Todos, porém, sabiam que aquele não era o momento. Graves problemas ocorriam na casa da família Torres: Nemésio flagrara Marina nos braços de seu filho Gilberto. A moça, que já andava desequilibrada, ofereceu condições para que os Espíritos inferiores a seviciassem num lamentável processo obsessivo. Dementara-se e fora internada numa clínica de saúde. Por vingança, Nemésio conquistou d. Márcia que, iludida com a vida de ostentação e libertinagem, resolveu separar-se de Cláudio. Gilberto, assustado com as crises de Marina, desistiu de casar-se e resolveu continuar os estudos em outro lugar. Enfim, ainda era muito cedo para enfrentar a realidade que, a cada dia, ficava mais complicada.

Os dias seguiam. Seu neto Gilberto e Marina fizeram as pazes e se casaram. Esperavam um bebê. Nemésio voltou da Europa e descobriu que estava completamente falido. Nutrindo uma paixão doentia por Marina, não se conformava em recebê-la como nora; se ela não era dele não seria de ninguém. Exaltava-se a cada dia. Passou a persegui-la com bilhetes ameaçadores. Não se contentando com isso, tentou atropelá-la. Para proteger a filha, Cláudio entrou na frente do veículo atropelante e perdeu a vida. Poucas horas depois, Nemésio sofreria um derrame cerebral que o impediu de falar e de se mexer doravante.

Sem saber dos acontecimentos, d. Beatriz desejava rever o esposo e o filho. Porém a permissão foi negada. Neves, que ainda não se curara da grande impulsividade, tanto insistiu, envolveu amigos, empenhou-se no assunto, que os superiores acabaram acatando seu pedido. Antes não fosse assim. D. Beatriz encontrou o marido naquela situação comovedora. Dialogou mentalmente com ele e soube de todos os tristes eventos por ele vividos, inclusive o crime que praticara e que tirara a vida de Cláudio. A respeitável senhora não estava preparada e desequilibrou-se. Queria permanecer ali, enrodilhada ao marido, compartilhando daquele terrível sofrimento. Com muito custo, Neves, angustiado, convenceu-a a visitar a residência onde vivera, e o resultado foi ainda pior. A casa estava repleta de entidades ociosas, e os tesouros domésticos, que lhe traziam gratas recordações, haviam sumido. Tudo poeira e sombra. A pobre não pôde resistir e dementou-se. Neves então ficou desolado. Só depois de quatro dias os amigos puderam reconduzi-la ao instituto de onde não deveria ter saído tão cedo.

Beatriz foi novamente internada a fim de receber tratamento adequado. Através da sonoterapia, deveria se esquecer de alguns fatos da existência anterior, para seu próprio refazimento. O apego ao marido só lhe traria prejuízos. Nemésio viveria ainda mais uns três anos, pois seus débitos eram enormes e precisava permanecer manietado ao corpo físico, para alcançar algum proveito. Ao desencarnar, maltas de obsessores aguardavam-no. Seus sofrimentos e atos bons foram levados em conta, e muitos Espíritos amigos intercederam por ele. Para subtraí-lo da gana dos malfeitores desencarnados, internaram-no em manicômio, local onde a longa crise de demência iria mantê-lo longe de se envolver em novos compromissos com as trevas.

Neves então voltou à vida normal. O valoroso trabalhador aprendeu uma grande lição: sempre surge para todos nós o dia de provar aquilo que somos naquilo que ensinamos. Sabia, agora mais do que nunca, o quanto é importante dominar os próprios sentimentos e raciocinar com clareza.

CLÁUDIO NOGUEIRA

Cláudio morava num espaçoso apartamento no Flamengo. Vivia num meio desajustado; ele e seus familiares não professavam nenhuma religião, nem cultivavam o hábito da prece. Por essa razão, os problemas, que lhes surgiam, eram agravados pelo comportamento materialista dos moradores daquele lar. Cada vez mais se distanciava de sua esposa Márcia. Um casamento mantido unicamente pelas aparências, no qual cada um se permitia liberdades e não abria mão das aquisições clandestinas. Marina, a filha, tinha certa ascendência sobre a mãe e nenhuma afinidade com o pai. A única pessoa da casa, que falava ao coração daquele homem, era Marita, a sua filha de criação.

Esse homem era extremamente sensível à sugestão dos desencarnados. Estes se aproximavam e lhe insuflavam o desejo de ingerir bebidas alcoólicas. Como se fosse de sua própria vontade, Cláudio concedia. Mas um dos desencarnados não era somente um Espírito viciado em bebidas alcoólicas. Era um vampiro inveterado que também o influenciava e compartilhava outros desejos escusos. Chamava-se Moreira.

No quarto, Marita passava por uma crise de choro. Relembrava as dores da infância, o choque ao saber que era filha adotiva, a rejeição por parte da mãe quando na presença de Marina e finalmente a cena dolorosa. Flagrara o seu namorado em atitudes íntimas com a irmã de criação. Sentia-se rejeitada e lesada.

Na sala, o obsessor aproveitou-se da paixão que Cláudio nutria por Marita e assoprou-lhe um pensamento libidinoso. Os lamentos ouvidos anunciavam que o momento era propício para uma aproximação afetiva. Cláudio, até então, trancara os sentimentos que lhe transbordavam dentro do peito. Mas o companheiro espiritual parecia ter experiência e utilizava a astúcia para convencê-lo a adentrar o quarto e dar vazão aos seus desejos. Após uma terrível batalha interior, Cláudio acabou cedendo. Praticamente incorporado àquele Espírito, partiu para o quarto da moça. Chegou devagarinho, como quem nada queria. Usou frases dúbias e estudadas para conseguir o intento. Assim que a jovem percebeu-lhe as intenções, rejeitou-o veementemente. Ferido pela rejeição, Cláudio deixou que explodissem todos os sentimentos acumulados. Seu perseguidor o teleguiava. O pai enternecido dera lugar ao apaixonado violento. As palavras perdiam o pudor, e partia já à ação. No momento culminante, a dona da casa chegou. Esse evento livrou a moça do assédio sexual, que agravaria ainda mais a crise que enfrentava. Cláudio arranjou uma desculpa, e a situação voltou ao normal. Mas o homem e seu acompanhante espiritual não estavam satisfeitos. Para chegar ao objetivo, Cláudio aproveitaria todas as oportunidades para separar Marita de seu bem amado Gilberto. Isso não foi difícil. Gilberto, depois de seduzir Marita, já não se interessava por ela. Só pensava em estar com Marina. Foi quando uma situação propícia ocorreu. Cláudio interceptou um bilhete que Marita enviava ao seu amado Gilberto. Marcava um encontro numa conhecida pensão. Cláudio procurou o rapaz e lhe pediu que confirmasse, mas não comparecesse ao encontro. O moço concordou. Cláudio, no horário aprazado, providenciou para que as luzes fossem apagadas. Assim, às escuras, fez-se passar por Gilberto. Tomou a filha adotiva nos braços e manteve relações sexuais com ela. Assim que as luzes se acenderam, Marita tomou conhecimento da realidade e foi vítima de um horrível choque. Apavorada, pulou a janela e saiu em desabalada correria. Nesse exato momento, d. Márcia adentrou o quarto. Ficara sabendo que os parentes estavam ali e foi verificar do que se tratava. Não foram necessárias explicações, pois acabou presenciando o final da história. Os esposos trocaram duras palavras e d. Márcia, enojada, revelou que Marita fora vítima de um ato incestuoso, pois era legítima filha de Cláudio.

Nogueira embebedou-se demais, queria afogar a consciência que o culpava do ultraje contra a própria filha. Deitara-se sem ao menos tirar a roupa. Ele e seu companheiro estavam estatelados sob o efeito de alcoólicos quando a notícia do acidente chegou. Marita sofrera um atropelamento, estava hospitalizada e seu estado era gravíssimo.

Cláudio e o Espírito obsessor, Moreira, pareciam

esmagados pelo sofrimento. Assim que André percebeu o quanto de afetividade havia por parte do desencarnado, pediu a este que auxiliasse a enferma no processo respiratório para mantê-la viva. E o terrível perseguidor, transformou-se, de repente, num homem piedoso que dava de suas próprias energias para manter o pulso de vida. Enquanto isso, Cláudio enfrentava um doloroso balanço de consciência. Lembrava das mulheres de cujas fraquezas se aproveitara. Delitos esquecidos assomavam à sua mente exigindo reparação. Sofria, calado, os flagelos da culpa. Foi nesse clima desolador que recebeu a visita do farmacêutico Salomão. O visitante contou que era amigo de Marita e, por esse motivo, gostaria de fazer algo por ela. Que era espírita e que a terapia do passe a beneficiaria. Dito e feito. O passe, saturado de agentes reconstituintes, melhoraram a condição geral da doente. Antes de se despedir, o farmacêutico deixou um exemplar de *O Evangelho Segundo o Espiritismo*, afirmando que sua leitura seria de grande valia ao pai martirizado. Cláudio abriu o livro sem expectativas. Mas o livro parecia dialogar com ele no tópico "Caridade para com os criminosos". A leitura prosseguiu horas a fio. Cláudio descobrira ali uma fonte de bênçãos. Bênçãos estas que não o condenavam sem possibilidade de remissão, a ele, que se considerava um réprobo, o mais vil dos homens, ainda havia esperança!

Após quinze dias de suplício, Cláudio percebeu que Marita iria desencarnar. Ajoelhou-se perante ela e fez um comovente pedido de perdão. Pediu-lhe um sinal. A moça, cujas percepções estavam mais aguçadas e tinha a sensibilidade apurada pelo sofrimento, rompeu a imobilidade e levantou a mão direita. Este gesto significava que o perdão fora concedido a todos os que a haviam lesado. Sob suaves fluidos ambientes, a moça desencarnou em paz.

Cláudio chegou em casa exausto. Ninguém para

Pessoas de André

recebê-lo. Ficou sabendo que Marina estava internada numa casa de saúde mental e que d. Márcia descansava em Petrópolis. Entrou em contato com a esposa, e combinaram um encontro para o dia seguinte. Cláudio abriu seu coração demonstrando estar disposto a recomeçar uma vida nova, mas a esposa estava decidida. Queria o divórcio. Agora estava ligada a Nemésio. Ambos se compraziam na mesma perturbação, queriam gozar os prazeres mundanos, e ela não pretendia abrir mão disso.

Cláudio foi visitar Marina e a encontrou num estado lamentável. Logo percebeu que a enfermidade da filha tinha origem espiritual. Conversou longamente com ela, mostrou-lhe o quanto estava mudado. Escutou os relatos e as queixas da moça e procurou injetar esperanças de melhoras. Com a ajuda do farmacêutico Salomão e muitas preces e passes, Marina recuperou-se e voltou para casa, após dois meses de tratamento.

Por intervenção do pai, Marina e Gilberto se reaproximaram. Porém, Nemésio não aceitava, de modo algum, o relacionamento da moça com o filho. Por isso expulsou-o de casa. Cláudio providenciou que o futuro genro tivesse casa e trabalho. Nemésio, roído pelo despeito, fez uma viagem a Europa em companhia de Márcia. Marina e Gilberto casaram-se no último dia do ano em que Marita desencarnara.

Marina ficou grávida. Daria um novo corpo a Marita e uma nova oportunidade na arena terrestre. Quando atingira o quinto mês de gestação, adoeceu. Instada por Cláudio, ficou sabendo que tinha recebido bilhetes ameaçadores de Nemésio. Para proteger a filha, Cláudio pediu licença ao Banco em que trabalhava e permaneceu, o tempo todo, ao lado da filha. Numa tarde, quando atravessavam uma rua, um carro acelerou violentamente. Cláudio só teve tempo de arredar a filha, mas foi atropelado por Nemésio.

Ferido gravemente, foi recolhido a um hospital. Ali sofreu uma grave hemorragia interna e desencarnou. Pouco permaneceu no plano espiritual. Passados alguns dias, conseguiu permissão para continuar trabalhando, mesmo desencarnado, no seio da família pelo período de dez anos. Tencionava também trabalhar por Nemésio e por Márcia, pois prometera a si mesmo esquecer o passado e ajudá-los no que fosse possível.

Quatro anos mais tarde, a família terrestre havia aumentado. Marita era agora menina bonita, e chorona. O instrutor Félix renascera naquele lar e chamava-se Sérgio Cláudio. Mas ainda faltava um membro para completar a família. Tratava-se de d. Márcia, que, apesar de enferma, jogava e bebia sem moderação.

Sob inspiração de Cláudio, Márcia pensava na vida, rememorava o lar, sentia fundas saudades. Estava sendo preparada para o encontro que aconteceria logo a seguir. Gilberto, Marina e os dois filhinhos esquadrinhavam a praia à sua procura. Foi num momento inquieto da alma, quando lhe doía a solidão da velhice, que Márcia foi encontrada pela família. Fora apanhada de surpresa e não pôde resistir ao convite de reunir-se novamente a eles. Seguiu confiante, de volta ao lar e estava convicta de que essa era uma das melhores decisões que tomara em sua existência.

Cláudio havia ganhado mais uma batalha no seio de sua família. Vencera também uma luta interior, uma vez que todos atingimos um dia a reconciliação com a própria consciência.

MARITA

A moça de vinte anos sofria um drama oculto. Em suas reminiscências, transportava-se aos dias felizes de infância,

Pessoas de André   215

em que vivera feliz. Acreditava ser filha legítima daqueles a quem venerava. Via-se partilhando com Marina dos folguedos infantis e dos mimos domésticos. Relembrava o dia em que d. Márcia, sua mãe, lhe falara com franqueza sobre a sua condição de adotiva. Naquele dia ficou sabendo que era filha de uma serviçal, chamada Aracélia.

Marita mentalizava a mãe, moça simples e pobre, recém-chegada do interior, que se empregara na residência do casal. Bonita e extrovertida, Aracélia gostava de festas. Passeava, dançava, granjeava amizades e era responsável em suas tarefas. Isso durou até que ficou grávida, com muito sofrimento físico. Os donos da casa deram-lhe todo apoio, ainda que ela se recusasse a falar sobre a paternidade. Depois que dera à luz, Aracélia passou a andar sempre deprimida e, num certo dia, suicidou-se ingerindo uma dose letal de veneno. Não possuindo outros parentes, Marita fora adotada pelo casal. Essa revelação inesperada feriu-a profundamente. Tinha apenas onze anos e nunca mais se sentiu parte integrante daquela família. Não havia quem a orientasse nos problemas de adolescência.

Uma barreira se ergueu entre os familiares e ela. D. Márcia a tratava bem quando estavam sós, mas quando Marina chegava, a história mudava. Ao lado da filha legítima, parecia ter dupla personalidade. Aliavam-se e, juntas, humilhavam-na com sarcasmos e desprezos. Não era convidada a acompanhá-las nas compras e a criticavam nas mínimas atitudes. Marita sentia-se enjeitada. Também não era bem-sucedida nas relações afetivas. Primeira vez desiludira-se com um colega de trabalho, segunda com o sobrinho do chefe, ambos nutrindo intenções suspeitas. Isso lhe custou problemas no trabalho.

Um outro jovem aparecia em sua tela mental: era Gilberto. Conhecera-o havia seis meses. Apaixonara-se perdidamente. O moço prometeu-lhe casamento e, acreditando no bem amado, entregou-se a ele. Depois disso, percebeu que ele já não era o mesmo. Parecia enfastiado. Não fosse isso suficiente, surpreendera-o junto de Marina em conversação afetiva e ardente. Lamentava, chorava... Atraído pelo choro, Cláudio bateu à porta. Marita enxugou as lágrimas, tentando disfarçar seu estado nervoso e atendeu. O pai adotivo entrou em seu quarto. Começou por falar calmamente, assumindo ares de protetor, depois foi se exaltando. Revelou saber que a moça mantinha relacionamento íntimo com Gilberto. Que este não era homem para ela. Marita respondeu que amava o namorado e não admitia que falassem mal dele. Que pretendiam se casar brevemente.

Instado pelo Espírito obsessor, Cláudio explodiu ao ouvir-lhe os últimos argumentos. Revelou a paixão desvairada que o consumia, os sentimentos que reprimira até então. Confessou que, perto dela, não conseguia raciocinar, que já não podia conter a atração irresistível. Esbravejou e abrandou a voz. Adivinhando-lhe as más intenções, Marita rejeitou-o veementemente. Sentindo-se rejeitado, o homem, sempre enrodilhado ao Espírito obsessor, tornou-se violento. Partia já para tomá-la à força em seus braços, quando d. Márcia entrou ruidosamente na residência. Cláudio recompôs-se. Fingiu estar escancarando portas e janelas, afirmando que o ambiente estava cheio de gás por descuido da cozinheira.

Marita acomodou-se novamente na cama. Cobriu o rosto para ocultar as lágrimas. Agora tinha mais um motivo para se lamentar. Aquela paixão, a seu ver, era incestuosa. Por isso, deveria se afastar da única pessoa que a protegia: o pai que agora a abordava com propósitos indecorosos.

Cláudio e sua esposa foram para a sala. D. Márcia aproveitou aquele raro momento de proximidade e lhe falou sobre a conveniência do casamento de Marina e

Pessoas de André

Gilberto que, segundo ela, andavam enamorados. Cláudio já sabia que a filha se relacionava com Nemésio. Pôde, então, entender que a moça andava sem escrúpulos entre pai e filho. Mas o seu objetivo era outro. Precisava alcançar Marita e disponibilizá-la na realização de seus planos. Assim sendo, reagiu esbravejando contra Gilberto e enaltecendo a filha adotiva, que deveria estar ouvindo a conversa.

Dia seguinte, Marita telefonou para Márcia e disse que precisava falar com ela. Marcaram um encontro num café. A filha adotiva contou como havia sido assediada pelo pai. Mas d. Márcia não acreditou. Preferiu ficar com a versão de Cláudio, que lhe disse que a moça passara a ter um comportamento estranho e precisava de tratamento psiquiátrico.

Assim desacreditada e sofrida, Marita resolveu ter uma conversa com Gilberto. Escreveu-lhe um bilhete marcando um encontro, naquela noite, numa casa de diversões. Cláudio interceptou a mensagem, procurou Gilberto e lhe pediu que não comparecesse. O moço, que já estava desinteressado, concordou. Cláudio providenciou para que desligassem as luzes, fez-se passar por Gilberto, mantendo relacionamento íntimo com a jovem no escuro. Quando as luzes se acenderam, Marita ficou chocada com o que vira, soltou um grito de pavor, pulou a janela e saiu em desabalada correria.

Atordoada por calmantes, sentindo-se violentada na sua condição de mulher, gemendo de dor, Marita cambaleava. Sem noção, adentrou uma avenida movimentada e foi colhida por um automóvel. Marita tombou inerte no asfalto. Minutos depois foi socorrida e levada a um hospital. Seu estado de saúde era precaríssimo. Se ainda continuava viva, era devido a uma pequena moratória, de quinze a vinte dias, que a Espiritualidade superior concedera, para que pudesse se renovar, dando ensejo, também aos pais adotivos, de reconsiderarem caminhos. Ela pensava e ouvia normalmente, mas não podia enxergar bem nem falar. Esteve inconsciente por muito, muito tempo. De repente, novas forças se agruparam às suas. Recuperou a sensibilidade olfativa, percebia, raciocinava, mas não podia falar, enxergar ou se mover. Recordou os acontecimentos. Tomara aqueles comprimidos pensando em dar cabo à vida. Arrependia-se. Nesse tumulto mental, fixou-se lamentavelmente em Marina. Acusava a irmã por todos os seus infortúnios, considerando-a inimiga imperdoável.

Ali, jungido ao corpo doente, Moreira, que lhe fazia a manutenção respiratória, percebeu os pensamentos condenatórios de Marita. Isto reavivou nele o sentimento de vingança. Resolveu abandonar o serviço e partir em busca de Marina. Considerava aquela busca como uma empreitada punitiva e justiceira. Ajustou quatro Espíritos truculentos para tumultuar a vida da moça, comprometida pelo remorso: Marina entrava num processo obsessivo.

O estado de saúde de Marita era cada vez mais precário. O inverso ocorria com seu estado mental. A doença a fazia refletir. Estava cada vez mais lúcida quanto à necessidade de perdoar a todos os que a prejudicaram. Havia percebido a mudança radical no comportamento de Cláudio naqueles dias. Sabia que se arrependera e que sofria imensamente. Entendia agora, bem mais facilmente, as fraquezas humanas. Foi quando o pai se ajoelhou perante ela e fez uma comovente súplica. Implorou perdão, contou a profundidade de seu remorso, disse estar disposto a pagar pelos erros e pediu-lhe, humildemente, um sinal de indulgência. Num momento de emoção e prece, auxiliada pelos amigos espirituais, Marita rompeu a imobilidade, espalmando a mão direita. Foi assim, de mãos dadas com o pai adotivo, que Marita deixou a Terra.

Cortados os últimos ligamentos que uniam a alma ao

Pessoas de André

corpo, a recém-desencarnada foi conduzida e internada pelo irmão Félix num parque para convalescentes em Nosso Lar. A desencarnação precoce lhe proporcionara prejuízos, razão pela qual o instrutor peticionou uma reencarnação de emergência para ela. Quase onze meses de internação e pôde visitar Gilberto, a quem ainda amava com ardor. Foi-lhe permitida a aproximação do moço, mas sem a presença de Marina, por quem a irmã ainda nutria ressentimentos. Marita se reaproximava do ambiente onde nasceria novamente. Ganharia um novo corpo, tendo Marina e Gilberto como pais.

Quando Marina atingiu o quinto mês de gravidez, começou a perder a vitalidade. Instada pelo pai, ficou sabendo que a causa do abatimento eram bilhetes ameaçadores escritos por Nemésio. Cláudio tratou de protegê-la, arranjando uma licença no trabalho e permanecendo o tempo todo ao seu lado. Numa tarde, quando voltavam de um passeio, um carro acelerou e partiu para cima de ambos. Cláudio conseguiu arredar a filha, mas foi atropelado. No hospital, foi acometido de grave hemorragia interna, que o levaria à morte. Poucos dias depois, Cláudio conseguiu permissão para continuar auxiliando a família.

Marita não pudera desposar Gilberto, por influência da irmã; contudo voltava a viver entre os dois, na condição de filha. A convivência em família era necessária para que pudessem expurgar erros e aversões hauridas no passado.

E a Vida Continua

EVELINA SERPA

Evelina estava num balneário na cidade de Poços de Caldas, Estado de Minas Gerais, a fim de se preparar para uma complicada cirurgia. Seu estado de saúde era cada vez mais precário. As crises constantes passavam e voltavam. A doença fazia com que estivesse mais sensível e meditativa. Pensava nas experiências havidas em seus vinte e seis anos: a morte do pai aos dois anos, o padrasto bom, a ida ao colégio de freiras, o baile de formatura, os dois pretendentes, o suicídio de um deles, o casamento havia seis anos, a gravidez, a doença nos rins, o aborto. Desde então não conseguira mais se recuperar. Perdera o vigor em plena juventude. Caio Serpa, o marido, logo passou a se relacionar com uma jovem solteira, cujos bilhetes ardentes eram esquecidos em seus bolsos.

Subitamente, apareceu um cavalheiro com ar distinto e um sorriso bonachão. Era Ernesto Fantini. Sentou-se ao seu lado e logo travaram diálogo. Ficou sabendo que ele morava em São Paulo e, assim como ela, deveria submeter-se a uma cirurgia; que também possuía um tumor na supra-renal. Mediante a similaridade do problema, em pouco tempo já se sentiam velhos amigos.

Ernesto perguntou se ela conhecia algo sobre o Espiritismo. Mediante a negativa, e sabendo que Evelina era católica, o simpático senhor afirmou que estava procurando se ambientar com a idéia da morte. Afinal, seria submetido a uma grave cirurgia e a possibilidade de morrer não estava descartada. Contou-lhe dos apontamentos, que lera no dia anterior, que informavam a respeito do corpo espiritual e do Espírito além túmulo. Que, anteriormente, lera tudo o que fora possível sobre a sobrevivência e a comunicação com os Espíritos habitantes de outras esferas.

Ela respondeu que gostaria de continuar vivendo com os seus; porém, estaria conformada, em sua fé, se viesse a desencarnar. Que os atos de sua religião, mormente a confissão, faziam-na sentir-se esperançosa e confiante. E foi nesse clima de amizade que se entreolharam. Agora mais do que nunca como velhos conhecidos. Tinham a certeza que se encontrariam novamente.

Evelina voltou para São Paulo no dia seguinte. Logo a cirurgia foi marcada e achou-se num espaçoso quarto de hospital. Sua mente oscilava entre a vontade de sobreviver, pois era muito jovem ainda, e as idéias imprecisas sobre o futuro das almas após a desencarnação. O marido veio encontrá-la em meio a esses pensamentos desencontrados. Advogado, Caio estava acostumado à argumentação e a simular certas situações. Usando seus dons de retórica, encheu a esposa de vãs esperanças e mentiras piedosas, pois conhecia o diagnóstico dos exames efetuados e a gravidade da situação.

Após a cirurgia, Evelina sobreviveu por mais alguns dias. O suficiente para relembrar os bons tempos num passeio ao Morumbi. Enfim, cerrou os olhos do corpo físico. Não se sabe quanto tempo depois, emergiu de um sono profundo. Estava num quarto espaçoso e desconhecido. Tentou se lembrar de como fora parar ali, e muitas imagens assomaram à sua mente. Presenciara todos os momentos de sua vida, de maneira tão real, que se sentia reviver naqueles fatos longínquos de sua existência. Depois sentira algo como

Pessoas de André 223

um choque e flutuara sobre o próprio corpo adormecido. A seguir, o sono profundo e a inconsciência. Olhou em volta e observou o ambiente. As paredes verde-claras davam-lhe uma sensação de repouso. Rosas em uma mesa, cortinas leves, tudo revelava conforto e simplicidade. Espreguiçou-se e não sentiu dor. E algo assinalava que lhe voltava a saúde: sentia fome. Achou estranho estar sozinha, pois não havia nenhum familiar em torno do seu leito. Buscou a campainha e logo foi atendida por uma enfermeira simpática. Esta se apresentou dizendo chamar-se Isa. Em seguida, chamou o médico, comunicando o despertar da paciente.

Evelina estava ansiosa, queria telefonar ao seu marido. O médico respondeu-lhe que não seria possível no momento. Que ela estava sob severa assistência de ordem mental. Que se entrasse em contato com alguém, que a induzisse às reminiscências, certamente entraria em crise de novo. Pediu-lhe, então, que cooperasse. Mandou providenciar uma brochura do Novo Testamento para que ela pudesse se distrair. Porém, entremeando a leitura, alguns pensamentos vinham atrapalhá-la, questionando se aquele bem-estar seria tão fácil de se perder como dissera o médico. Resolveu, então, fazer um teste. Começou a mentalizar a presença de Caio e de seus pais com certa intensidade. Passados alguns minutos, veio a crise, tal qual acontecia quando estava encarnada. Contorcia-se em dores atrozes e com muito esforço alcançou a campainha, pedindo socorro.

O médico e a enfermeira ministraram-lhe sedativos, sem nenhum comentário ou repreensão, mas ela sabia, perfeitamente, que ambos conheciam a origem daquele sofrimento. Os cuidados foram redobrados para que Evelina não se entregasse às idéias fixas, sob pena de sofrer sem necessidade.

O sono durou muitas horas. Ao acordar, Evelina prometeu, a si mesma, que seguiria à risca a orientação médica. Reconhecia que era para o seu próprio bem. A dolorosa experiência demonstrara isso. E assim, o tempo foi passando. Depois de uma semana de repouso absoluto, foi liberada para caminhar dentro do quarto. Sentia algo diferente, uma certa leveza como se o corpo tivesse perdido peso; os pensamentos também pareciam jorrar com mais facilidade. Numa tarde, abeirou-se da janela. Percebeu que se hospedara num terceiro andar. Lá embaixo, havia um pátio onde grande número de pessoas conversava alegremente. Sentiu uma enorme necessidade de convivência. Consultou Isa sobre a possibilidade de se juntar aos demais, e esta aquiesceu. E logo se encontrava no meio de dezenas de pessoas convalescentes, pelo aspecto apresentado, por quem se sentia estranhamente atraída.

Eis que, ao longe, vislumbra alguém. Para surpresa sua, era aquele cavalheiro que encontrara em Poços de Caldas. Nada mais, nada menos que Ernesto Fantini. Foi um verdadeiro encontro de amigos, com muita emoção e lágrimas. Eles comentaram o fato de a administração não lhes permitir a visita da família. Desconfiavam estar se recuperando de doença mental, que os mantivesse segregados do convívio de pessoas mais íntimas. Foi quando travaram conversa com uma simpática senhora chamada Alzira. Esta lhes segredou que ouvira falar que, ali, todos estavam mortos. Que conhecera a senhora Tamburini e, na sua companhia, ouviu comentários a respeito do assunto. E ficaram sabendo que aquela instituição fazia parte de uma cidade com mais de cem mil habitantes. Foi um grande susto para Evelina, que só se acalmou após ingerir um delicioso suco de maçã.

Foram, então, convidados a conhecer o Instituto de Ciências do Espírito. Lá, encontraram o Irmão Cláudio que, com tato e inteligência, introduziu a platéia de vinte e três pessoas no assunto. Evelina apresentava dificuldades em

Pessoas de André

reconhecer a sua condição de desencarnada. Por mais que o mentor em serviço argumentasse, ela continuava incrédula. Para auxiliar no tratamento, ela e seu amigo foram encaminhados ao Instituto de Proteção Espiritual. O Instrutor Ribas, responsável pela clínica psiquiátrica, recebeu-a afetuosamente, colocando-a à vontade. Explicou-lhe que sua fala seria filmada, para posterior análise. Que, desse modo, fariam o trabalho de auxílio e reajuste baseado nas próprias informações da paciente.

Evelina perturbava-se com a sua falta de adaptação ao plano espiritual. O instrutor lembrou-a que isso resultava da falta de preparo na vida física. E relembrou que o Mestre Jesus se erguera do túmulo para comprovar a vida eterna. Todos os cultos da fé, que ela professava, estavam atrelados a Deus, a Jesus, a Maria, aos santos da vida cristã, todos relacionados com o mundo dos "mortos". Evelina, então, transportou-se em pensamento aos seus rituais, às imagens e painéis, e lembrou-se de Jesus. Gastara a sua fé em pedidos, sem se preocupar com as lições evangélicas e com os exemplos do Mestre. Amara superficialmente, precisara morrer para aprender que Jesus significava uma transformação interior.

A análise continuou e Evelina narrou a sua história a partir da morte do pai. Rememorou os acontecimentos de sua vida como naquele dia em Poços de Caldas. Contou a indecisão na escolha entre dois pretendentes e, por conta de sua hesitação, um deles de nome Túlio Mancini suicidara com um tiro no coração. Lembrou-se do casamento, da gravidez que não chegara ao fim, da doença. Reconheceu que já não era a mesma, ainda mais ao descobrir que era traída pelo marido com uma moça solteira. Confessou que não poderia perdoar o marido pela presença da outra entre eles. Logo após, a sessão foi encerrada, prometendo novas reuniões em futuro próximo.

Depois de algumas semanas, Evelina e seu amigo Ernesto passaram a residir nos pavilhões destinados aos convalescentes. Tinham a permissão para visitar a cidade. Deveriam, porém, se abster de visitar os arredores, onde infelizes se encontravam, pois ainda não estavam preparados para esse encontro. Já sentiam a necessidade de se ocupar com um trabalho, de preferência no lar terrestre, ao qual ainda não tinham voltado. A resposta era sempre negativa: deveriam aguardar o tempo propício.

A vida, ali, parecia a de uma colônia de férias. Havia bibliotecas, jardins, instituições e entretenimentos diversos. Mas não era suficiente, Evelina ansiava visitar um templo católico. E foi com alegria que recebeu consentimento para participar do ofício religioso daquela noite. O tema abordado era "Não julgueis para não serdes julgados". Assistiu a linda preleção sobre os condicionamentos, que deixamos na Terra ao adentrar o mundo espiritual. Sobre a necessidade de cada um se aceitar, reconhecer a extensão de seus débitos e se colocar em serviço ao próximo, sem olhar para trás. A palestra sensibilizou-a fundamente, tanto que pediu trabalho junto a uma caravana socorrista, cujo instrutor era Cláudio.

Evelina era uma das oito pessoas designadas a fazer o culto do Evangelho no Lar numa residência na zona fronteiriça. Logo adiante, estendia-se uma enorme área habitada por criaturas revoltadas e zombeteiras. Os donos da casa, Ambrósio e Priscila, eram guardiões dos que residiam na fronteira. Ali, recebiam criaturas dispostas ao reajuste necessário que procediam de regiões umbralinas. Naquela noite havia vinte e duas pessoas. Depois que o culto terminou, um grupo de Espíritos violentos atacou-os com palavras grosseiras, tencionando agredi-los. Concentrado e em prece, Cláudio estendeu a destra, o que manteve os atacantes isolados por um fio luminoso. Subitamente,

Pessoas de André

Evelina ouviu chamarem seu nome. Muito surpresa, verificou que se tratava de Túlio Mancini, o moço que se suicidara por sua causa.

Túlio foi acolhido na casa de Ambrósio até que encontrassem um local mais adequado à sua readaptação. Evelina foi chamada a acompanhar o processo de reajuste do moço. Como se sentisse participante do infeliz episódio, em que o moço desencarnara, aceitou a preciosa oportunidade de trabalho. No começo, pendeu afetivamente para o ex-namorado, mas este havia adquirido maus hábitos, na zona inferior onde estivera até então, mostrando-se um tanto inconveniente. Tudo parecia ir bem, quando um grande desgosto veio abalar fundamente sua alma: Túlio contou-lhe que não se suicidara, mas que fora abatido pela arma de Caio Serpa. Apesar da enorme decepção, a moça permaneceu fiel ao marido, procurando incutir idéias renovadoras na mente do moço. Mas este era refratário a tudo. Parecia ter um só pensamento: consorciar-se a Evelina. O tempo passou, e Túlio apresentava escasso proveito das terapias colocadas à sua disposição. Não lhe restava outra saída senão volver à Terra para vivenciar novas experiências.

Evelina veio saber que seu complexo de culpa, em relação ao suicídio de Túlio, atraíra uma entidade suicida. Como suas condições físicas não poderiam levar a termo uma gravidez, a entidade, que precisava dar o devido valor à vida, recebeu breve internação intra-uterina. Aquela encarnação estava mesmo fadada ao fracasso. Assim sendo, o aborto espontâneo serviu de prova para o reencarnante e de alívio para a sua consciência atormentada.

O tempo passava, e as saudades ficavam mais fortes. Evelina fantasiava mentalizando Caio abatido e choroso por sua morte. Via-o almejando deixar a Terra para unir-se a ela. O instrutor Ribas falava sobre generalidades, procurando minimizar-lhe o entusiasmo, que poderia não corresponder

228 Isabel Scoqui

à realidade. Finalmente a visita à Terra foi autorizada. Um veículo deixou-os na Via Anchieta, e a equipe combinou o reencontro no prazo de vinte e quatro horas. A moça e seu amigo respiravam maravilhados. Custavam crer que estavam na entrada de São Paulo. Combinaram que seguiriam juntos. Iriam primeiro à casa dela. À medida que chegavam mais perto, Evelina mudou de humor. Começou a ficar receosa. O amigo a confortou e aconselhou que deveriam estar preparados para mudanças.

Eram seis horas da tarde. Evelina pediu que Ernesto a esperasse lá fora. Atravessou o pátio, entrando na sala. Seu coração batia descompassado. Examinou as paredes e não viu mais o seu retrato. Penetrando o jardim de inverno, encontrou Caio que acariciava a mão de uma moça, num terno gesto. Sentiu um tremendo choque nas fibras do ser. Quis recuar, mas estava paralisada. Acomodou-se numa cadeira para refazer-se. Lembrou-se de Túlio, a quem recomendava o desapego afetivo. Recorreu à prece e lutou contra si mesma.

Caio e a moça, em instantes, iniciaram uma discussão. Ela desconfiava da existência de uma outra mulher. Ele, obviamente, negava. Ela queria casar-se; ele alegava que só seria possível quando ela resolvesse o problema familiar. Ele afirmava não estar disposto a conviver com uma sogra louca. Aquela mulher deveria ser internada num asilo. Por fim, concordaram ir naquele mesmo dia ao Guarujá, para resolver a situação. A moça caiu em pranto, Caio afagou-lhe os cabelos, pronunciando docemente o seu nome: Vera.

Vera! Não era outra senão aquela que escrevia, ao seu marido, os ardentes bilhetes manchados a batom. Esmagada pela decepção, Evelina correu para a rua. Agoniada, clamava pelo amigo, que a recebeu de braços abertos, compadecidamente. Sentaram-se num banco do pátio e ela lhe contou, com pormenores, o ocorrido. Ernesto consolou-a,

Pessoas de André

afirmando a necessidade de vivenciar a abnegação aprendida no novo plano em que se encontravam. Aconselhou-a a aceitar a rival. Talvez ela pudesse ser a nova mãe de Túlio. Como Caio houvesse tirado a oportunidade de vida ao moço, seria justo que, agora, o restituísse à experiência terrena, sendo um devotado e amoroso pai.

Poucos instantes depois, o carro saiu da garagem, levando o casal, que seguia para o Guarujá. Ao avistar a moça, Ernesto tornou-se lívido. Envergonhado, contou à amiga que aquela era sua filha Vera Celina. Sabia até mesmo o destino que tomavam, deveriam ir à casa rústica de praia. Evelina e Ernesto resolveram tomar carona no banco de trás.

À medida que o carro seguia, os ocupantes encarnados começavam a sentir a influência mental dos outros ocupantes. A conversa girou em torno de Evelina, de quem Vera parecia ter ciúme. Caio reagiu. Amara a esposa até perceber que ela não poderia lhe dar filhos. Depois que abortou, começou a ver-lhe os defeitos. E não era à toa que inventava viagens para estar com a atual companheira. Trocara a esposa pela amante antes mesmo do seu desencarne. Evelina se esforçava por manter certo equilíbrio. Custava-lhe acreditar que aquele fora o marido que ela supunha ideal. Mantinha-se firme, pois queria dar testemunho do que aprendera até então.

Chegando à casa da praia, Evelina resolveu ficar ali pelas redondezas. Não queria interferir no encontro do amigo com a família. Este logo tomou o rumo da casa.

Permanecia ali, sentada, conversando com convalescentes desencarnados, quando viu Ernesto sair correndo da residência. Em seguida, o amigo arrojou-se na terra, gritando a sua dor. Correu para socorrê-lo, mas a crise era tamanha, que nada podia fazer sozinha. Mentalizou, então, uma equipe socorrista, que prontamente veio buscá-lo. Internaram-no até o dia seguinte, quando tomaram o mesmo veículo, que os trouxera, rumando para a colônia espiritual.

A vida de Evelina e a de seu amigo estavam ligadas estranhamente. Não só a mesma doença, mas também haviam experimentado a mesma *causa mortis* e passado por idêntico local de convalescença, além da afinidade que os unia cada vez mais. As famílias apresentavam-se interligadas. Caio Serpa ligara-se à filha de Ernesto. A mulher de Ernesto era obsidiada pelo pai de Evelina, o que resultava na aparente loucura, que tanto incomodava Caio. A moça, ansiava por se encontrar com o pai, a quem perdera tão cedo. Porém a Espiritualidade achava melhor que se encontrassem numa ocasião mais oportuna. Num momento em que a presença da filha pudesse ser utilizada em favor de si mesmo.

Algum tempo depois, Elisa, a ex-mulher de Ernesto, desencarnou, mas Desidério, o pai de Evelina, teimava em manter-se jungido a ela. Ninguém podia separá-los. Só mesmo a interferência da filha poderia demovê-lo daquele proceder insano. Munida de muita prece e amor, Evelina dialogou e argumentou incansavelmente com o pai, anulando-lhe todas as justificativas. Fê-lo entender que ele era uma criatura necessitada de assistência e reajuste. E, por fim, colocou as mãos sobre sua cabeça, fazendo sentida prece a Deus. Desidério, sacudido por abalos íntimos, gemeu e deixou aquela a quem se ligara fluidicamente. Ele e a recém-desencarnada puderam, então, ser transportados para o novo domicílio espiritual, onde receberiam tratamento adequado.

Evelina recebeu permissão para visitar a mãe e o padrasto, que ainda permaneciam encarnados. Nessas alturas, a Espiritualidade já havia pensado na reencarnação de Desidério no seio daquela família. Era o único meio de reaproximar os velhos rivais, transformando a discórdia em união.

Estando na casa em que ela vivera os dias de meninice, Evelina sugeriu à mãe que adotasse um menino. Ainda que fosse uma influência sutil, a idéia tomou vulto, e d. Brígida confessou, ao marido, o vazio que sentira depois que a filha falecera. Desejava um filho para criar, alguém que lhes fizesse companhia na velhice e garantisse continuidade aos trabalhos da fazenda. Amâncio, que não lhe negava nada, concordou.

Estava acertado que Túlio seria o primogênito de Caio e Vera. Desidério nasceria numa família muito simples e seria adotado por Brígida e Amâncio. Evelina fora designada para cuidar das providências concernentes à primeira reencarnação; Ernesto trabalharia na segunda.

Dando prosseguimento à sua tarefa, Evelina rumou ao cemitério onde seriam depositados os restos de Elisa. Encontrou Vera muito abalada com a morte da mãe, amparada por amigos e familiares. Encontrou também o ex-marido Caio Serpa, que se distanciara de propósito. Passou, então, a lhe sugerir pensamentos a respeito da vida que levara até agora. E Caio, desconhecendo a influência espiritual de sua ex-esposa, começou a refletir. Lembrou-se da morte de Evelina, enfrentou a memória dolorosa de Túlio Mancini, mentalizou a impaciência e a frieza com que tratava aquela cujo sepultamento prosseguia. Sua consciência o acusava de nada ter feito de útil em benefício do próximo.

Evelina percebeu que o momento era propício: fê-lo avistar, ao longe, sua atual companheira. Parecia uma criança triste e desamparada. Assoprou-lhe a necessidade de regularizarem a situação; deveria casar-se com Vera. Caio tentou resistir à inspiração, mas logo aceitou a idéia. Aquela moça não vacilara em colocar sua mãe em condição humilhante para agradar-lhe. Pusera, em suas mãos, o controle de todos os seus bens, numa atitude de plena confiança. Deveria retribuir-lhe com algo que fosse significativo para ela, quem sabe a constituição de um lar e filhos. Renovado com a possibilidade de uma vida diferente, Caio procurou Vera e pediu a sua mão em casamento, perante todos os presentes.

O casamento de Caio e Vera concretizou-se. Evelina continuou trabalhando na tarefa que abraçara: Túlio seguiu para um instituto destinado ao preparo para a reencarnação. Poucos dias depois, foi levado à presença de Vera, para que se aproximasse daquela que lhe seria mãe, para que se familiarizassem mutuamente. Mas era importante que ignorasse quem seria o pai; o reencarnante poderia rejeitá-lo e estragar todo o plano. Mais tarde encontrar-se-iam na condição indissolúvel, de pai e filho, para desfazerem todo aquele ressentimento e transformá-lo em amor.

Era necessário pensar, ainda, no retorno de Desidério à experiência carnal. O reencarnante não era fácil de contentar. Era exigente e dado ao queixume. Muitos detalhes foram omitidos, pois ele não estava preparado para toda a extensão da verdade. Assim, ele renasceu num lar paupérrimo. Seu pai estava tuberculoso e logo desencarnou. A mãe, passando por graves necessidades, entregou seus quatro filhos para parentes. Em avançado estágio de gestação, procurou emprego na casa de Amâncio e Brígida, onde foi acolhida. Ali teve seu filho e fechou os olhos para o mundo material. Desidério renascia num ambiente em que fora anteriormente rejeitado pela ex-esposa e abatido pelo ex-rival. Mas desta vez tudo seria diferente. Gozando da proteção e do carinho, do casal, todo o ressentimento se transformaria com a suavidade do amor.

Depois de três anos, Elisa voltaria ao plano material. Renasceria no lar de Caio e Vera. Seria a segunda filha. Os bens, dos quais o ex-genro se apropriara, retornariam às suas mãos de herdeira legítima, no futuro. Futuro este que lhe reservava o casamento com Desidério, a quem ofertara

Pessoas de André

o seu coração.

Evelina passara a ser uma pessoa muito mais madura em virtude dos novos conhecimentos e da responsabilidade que a vida lhe reservara. Ernesto, renovado pelo sofrimento, remoçara em aparência. O casal parecia conciliar-se gradativamente. A afinidade cimentava aquela relação: comungavam as mesmas idéias e partilhavam os mesmos serviços. Cada vez mais se sentiam próximos um do outro. Uma vez que os ex-cônjuges já os haviam dispensado, nada impedia que se unissem pelo matrimônio. Uma pequena carruagem voadora levou os noivos à cidade onde residiam. Rumaram ao Instituto de Proteção Espiritual, onde os amigos os aguardavam. Ribas proferiu comovida prece, pedindo a Jesus as bênçãos para o casal. Em resposta, choveram pequeninas grinaldas azuis, etéreas e luminosas, dando a Evelina e Ernesto a certeza de que o Plano Superior acolhia o compromisso como uma sublime união.

ERNESTO FANTINI

Ernesto Fantini sentiu-se atraído por aquela triste jovem sentada no banco da praça. Estava lívida e certamente procurara o balneário para recompor as energias. Resolveu sentar-se ao seu lado e, para surpresa sua, descobriu que tinha mais em comum, com aquela jovem senhora, do que poderia imaginar! Após breve conversa, soube que, assim como ele mesmo, ela seria submetida a tratamento cirúrgico para retirada de um tumor da supra-renal. Como conhecesse a gravidade da situação, resolveu repartir com ela seus estudos sobre o Espiritismo. Aventurou-se em algumas explicações, mas a moça não pareceu receptiva ao assunto. Dizia-se católica e sentir-se realizada em sua fé. Por isso, os assuntos se diversificaram. Em pouco tempo estavam trocando confidências como velhos amigos. Despediram-se naquele dia sem saber se tornariam a se encontrar.

Ernesto enfrentou a cirurgia. Logo em seguida, sentiu como se estivesse abandonando a si mesmo. Seu pensamento, em retrospecção, fixou-se nos fatos de sua vida, em marcha-a-ré até os primeiros momentos da infância. Depois, dormiu pesadamente. Não sabia dizer quanto tempo ficou inconsciente. Não sabia como fora transferido para a unidade em que se encontrava. Fazia tantas reflexões quando avistou, ao longe, sua amiga Evelina. Que surpresa vê-la surgir, amparada pela enfermeira! Estavam internados na mesma instituição e passando, provavelmente, pelo mesmo processo de convalescença. Não pôde conter a alegria e partiu de braços abertos para encontrá-la.

Evelina contou-lhe, com detalhes, sobre tudo o que lhe estava acontecendo. Ele percebeu que passavam por experiências comuns. Também via com estranheza o fato de não lhe permitirem a comunicação com os parentes. Também entrara em crise, procurando mentalmente notícias dos familiares. Sabia que, ali, a hidroterapia era um tratamento obrigatório e que utilizavam aparelhos que aplicavam raios na cabeça dos pacientes. Passou a acreditar que estavam com problemas mentais e por isso eram resguardados, evitando desgastes na área da emoção.

Pensava assim até conhecer Alzira. Esta contou que aquela era uma comunidade destinada ao auxílio aos desencarnados. A notícia não lhe pareceu sem fundamentos, por isso concordou em visitar o Instituto de Ciências do Espírito. Já convencido de sua condição de desencarnado, pôde cravar o Irmão Cláudio de perguntas sobre as peculiaridades do mundo espiritual.

Dias depois, para dar continuidade ao tratamento, foi encaminhado ao Instituto de Proteção Espiritual. Ali,

Pessoas de André

235

encorajado pelo instrutor Ribas, confessou o delito que cometera havia mais de vinte anos. Matara um amigo chamado Desidério. Sabia que este assediava sua esposa e, para afastá-lo, alvejou-o durante uma caçada. O fato passou por um infeliz acidente, mas, depois disso, nunca mais vivera em paz. Sentia-o permanentemente dentro do lar. Passando impune durante toda a vida, esperava encontrar, depois da morte, a punição. Apesar de receber a proteção exterior, vivia o tormento do crime em sua alma. Compadecido, o mentor o afagou, como quem conhece a dor da consciência, e o exortou a confiar na misericórdia de Deus.

Depois de algumas semanas, Ernesto passou a residir no pavilhão destinado aos convalescentes. Já podia usufruir todos os benefícios oferecidos pela cidade: bibliotecas, jardins, instituições e muitos entretenimentos. Só era vedada visita aos arredores da cidade, onde viviam irmãos sofredores, porque ele ainda não estava preparado. Mas não demorou muito para que a necessidade de trabalho viesse visitá-lo. Por essa razão, foi admitido, junto com sua amiga Evelina, numa caravana de oito pessoas, liderada pelo Irmão Cláudio. Iriam a uma zona fronteiriça, na casa de Ambrósio e Priscila, onde era dia de fazer o culto do Evangelho no Lar. À medida que caminhavam, percebeu que a paisagem foi se modificando. Ao chegarem na casa a ser visitada, distinguiu uma perigosa área habitada por criaturas rebeldes, cujos pensamentos desequilibrados faziam com que o ambiente adquirisse características desoladoras.

O Evangelho no Lar não foi diferente daqueles que se fazem nos domicílios cristãos. Havia ali vinte mulheres e dois homens que teriam vindo das zonas de sofrimento, buscando conforto e esclarecimento. Já se preparavam para ir embora, quando uma turba de Espíritos revoltados e zombeteiros apareceu. Gritavam impropérios e acusavam os irmãos solidários de santarrões e outras palavras de baixo calão. Avançaram sobre o grupo fraterno, mas foram detidos por um fio de luz, que se projetou da mão do instrutor. O fio luminoso isolou os agressores que, ao seu contato, tiveram as mais variadas reações. Dentre estes, havia um Espírito conhecido. Uma voz clamou por Evelina, que prontamente o reconheceu. Tratava-se de Túlio Mancini, aquele que adentrara o mundo espiritual pelas vias do suicídio, por causa dela. O moço, então, fora socorrido na casa de Ambrósio. A partir daí, Ernesto passou a acompanhar Evelina no seu trabalho junto ao moço. Mas este era bastante alheio à terapia que lhe aplicavam. Para que houvesse real proveito, não havia alternativa senão fazê-lo renascer na carne.

Passaram-se dois anos e Ernesto se mostrava cada vez mais ansioso por visitar a família. Amava a esposa, por quem cometera muitos disparates. Sentia falta da filha, que deixara aos vinte e dois anos de idade. Sabia que nada faltava a ambas, pois legara um grande patrimônio, mas havia preocupações de natureza afetiva e saudades. Nesse clima, para alegria sua, foi permitida a visita ao lar.

Dirigiram-se primeiramente ao lar de Evelina, cuja visita trouxe-lhes uma tremenda desilusão. Ali ficaram sabendo que a companheira de Caio era Vera Celina, a sua única filha. Como o casal se dirigisse à praia, ele e sua amiga pegaram carona no banco traseiro. Ernesto emitiu uma sugestão para que Caio perguntasse sobre a sua pessoa. E foi o que o moço fez. Vera Celina respondeu-lhe que o pai sempre fora frio e indiferente no lar. Que estava sempre muito ocupado, que as provia tão-somente nas questões financeiras. Que jamais se sentara ao seu lado ou a aconselhara nos problemas juvenis. E a mãe? Essa o tolerava enquanto vivo. Assim que ele morreu, demonstrou o quanto o detestava, queimando seus pertences, rasgando seus retratos. A partir de então, transformara-se. Passou

Pessoas de André

la. Essa pessoa era a sua filha Evelina. A moça foi chamada e atendeu ao pedido de interferir nas disposições de seu pai. Usou todos os recursos possíveis para demover o pai daquela nefasta idéia de manter a ligação com o cadáver. Quando já escasseavam os argumentos, apelou à prece. Colocou a cabeça do pai entre as mãos e orou, sentidamente, a Deus. Algo de extraordinário aconteceu: aquele homem tão embrutecido cedeu aos apelos da filha. Deixou Elisa livre e permitiu que o levassem ao novo domicílio espiritual.

Ernesto só tinha razões para estar contente. Caio resolvera regularizar a situação e casara com Vera. Túlio seguira rumo à carne, nascendo da união do casal. Desidério era de trato difícil, mas pôde ser conduzido de volta à experiência terrena. Nasceu num berço paupérrimo e foi adotado pelos ex-adversários Brígida e Amâncio. O convívio dos três, no mesmo lar, iria transformar ódio em amor, ofensa em perdão.

Quanto ao plano afetivo, sentia-se, cada vez mais, atraído por Evelina. A moça ganhara maior segurança e maturidade nas duras lides, a que se propusera. No decorrer das tarefas, sentiam-se afinados pelas mesmas idéias e partilhavam os mesmos serviços. Uma vez que se sentiam liberados pelos ex-consortes e o sentimento os atraía, resolveram casar-se. E foi no Instituto de Proteção Espiritual que receberam as bênçãos do matrimônio, selando sublime união.

Pessoas de André

a rejeitar tratamento, falando sozinha, rindo, chorando e julgando ver e falar com os mortos. Profundamente magoado, Ernesto não entendia a repulsa que sua mulher sentia por ele. Certamente não fora um cavalheiro romântico, mas não havia motivos para ser detestado no lar. Fortaleceu-se com bons pensamentos e penetrou a casa, onde tudo lhe parecia familiar. Foi encontrar Elisa deitada em seu quarto. Ela estava mais velha, os cabelos mais grisalhos, emagrecida. Horrorizado, enxergou um homem desencarnado, estirado junto a ela. Era nada mais, nada menos que Desidério dos Santos, o Dedé, o homem que assassinara por ciúmes da esposa.

Subitamente, Elisa percebeu a presença do marido e gritou. Excitada com a visita, a mulher despejou uma saraivada de palavras violentas que o feriam. Nomeava-o maldito, infame, tinhoso, matador... Ernesto tentava estabelecer um diálogo fraterno, mas o rival aproveitou-se da ocasião e entrou em cena. Acusou-o impiedosamente. Disse que esperava esse encontro havia mais de vinte anos e que aproveitaria, da condição de desencarnados, para tirar a sua desforra. Que desde a sua morte, passara a conviver no seio daquela família, partilhando-lhes a vida e a mesa. Que passara uma experiência horrível, pois saíra para caçar com dois monstros. O primeiro era ele, Ernesto, que lhe disparou o primeiro tiro. Mas errou o alvo. Que o segundo, aproveitando-se da situação, o alvejou logo em seguida. Seu verdadeiro assassino era Amâncio. Praticara o homicídio com a finalidade de assenhorear-se de sua esposa e da terna filhinha, Evelina. Revoltado, abatido, visitando o lar feliz sem a sua presença, resolveu instalar-se definitivamente aos pés de Elisa, a única que o atraía com ternura silenciosa. Que fora um suplício ver sua filha crescer triste e moralmente desamparada, pois tinha um verdugo como padrasto e uma ingrata como mãe. Que essa filha desposara um jovem detestável, que não soube honrar o matrimônio. Que sua pobre filhinha viera a desencarnar havia dois anos, ah! infortunada era a sua filhinha Evelina! Ernesto sentiu um abalo tremendo. A angústia foi mais forte do que ele. Tentou orar, mentalizar o instrutor Ribas, mas seu descontrole foi maior. Uma enorme confusão mental o desestruturou completamente. Atirou-se na terra em convulsão, urrando de dor e vergonha. A exposição de Desidério fê-lo reconhecer a extensão de suas fraquezas, abatendo-lhe o orgulho. Seu desequilíbrio era tal, que uma equipe socorrista veio buscá-lo e o internou, provisoriamente, numa casa espírita paulistana. Era necessário ajudá-lo a se desvencilhar do trauma que o acometera. No dia seguinte, retornaram à colônia espiritual de origem.

Passados alguns dias, Ernesto já se encontrava reabilitado. Conhecendo a exata participação que tivera no drama de Desidério, sabendo-se devedor que deseja restituir ao credor o que lhe competia, aceitou, de bom grado, a incumbência de acompanhá-lo, esclarecê-lo e prepará-lo para o renascimento próximo.

Mas as coisas tinham mudado um pouco. Por insistência de Caio, Elisa fora internada numa clínica de saúde mental. Seu estado de saúde estava agravado tanto pela obsessão quanto por problemas circulatórios. Desidério não se desvinculava da doente e aproveitava as tentativas de aproximação de Ernesto para ofendê-lo e acusá-lo. Isto era motivo de muita tristeza, mas o homem seguia resoluto em seu intento.

Certa tarde, Elisa sofreu uma crise violenta. A ruptura de um vaso cerebral prenunciava a sua morte, que não foi possível evitar. Após o desenlace, seu corpo espiritual não podia ser retirado: Desidério estava grudado nele. Nem mesmo a prece da equipe conseguia romper aquela estranha ligação. Só havia uma pessoa capaz de convencê-lo a deixá-